AF467593

EXERCICES FRANÇAIS

SUR

L'ORTHOGRAPHE, LA SYNTAXE DES MOTS
ET LES PARTICIPES,

MIS EN RAPPORT

AVEC

LA GRAMMAIRE FRANÇAISE;

PAR M. GOUILLÉ,

INSTITUTEUR A NANTES.

SECONDE ÉDITION,
ENTIÈREMENT REFONDUE.

PRIX : 1 FRANC.

A NANTES,
DE L'IMPRIMERIE DE CAMILLE MELLINET.

1837.

PRÉFACE.

Il est indispensable que les enfants sachent bien faire l'application de toutes les règles de la grammaire, sans quoi ils n'auraient jamais qu'une connaissance imparfaite de leur langue. L'ouvrage, selon moi, qui leur en ferait le plus promptement surmonter toutes les difficultés, serait celui où, dans des exercices mis à leur portée, on n'aurait employé aucun mot, dépendant d'une règle quelconque, avant la règle même où l'explication en est donnée, c'est-à-dire, où l'on passerait constamment du connu à l'inconnu ; aussi est-ce la marche que j'ai suivie dans ces *Exercices*, et de laquelle je ne me suis point écarté.

Parmi les personnes qui se livrent à l'enseignement de l'enfance, il s'en trouvera, peut-être, qui me sauront gré de les aider de mes conseils sur la manière de se servir avantageusement de cette méthode : l'expérience que j'ai acquise en ce genre, me donne peut-être ce droit ; et c'est pour elles que, dans le cours de cet ouvrage, j'ai indiqué quelques procédés qui consistent surtout dans une analyse grammaticale très-restreinte. Je sais, à la vérité, qu'il y en a qui ne la font commencer que lorsque leurs élèves ont déjà acquis une certaine connaissance de leur langue ; et d'autres, au contraire, qui la font commencer dès les premières leçons, en faisant analyser toutes les parties du discours. Mais je répondrai aux premières : comment un enfant pourra-t-il faire accorder un adjectif avec le substantif auquel il se rapporte, s'il ne sait pas faire la distinction de ces sortes de mots ? et aux secondes : pourquoi surcharger la mémoire de l'enfant de mots invariables (préposition, adverbe, conjonction et interjection), puisque cette connaissance n'est pas même absolument nécessaire pour connaître l'orthographe ? D'ailleurs, plus tard, ne sera-t-on pas à même d'y revenir ?

Ainsi, comme on le voit, les uns retardent les progrès des enfants en ne leur donnant pas assez tôt les connaissances indispensables ; et les autres, en voulant leur en donner trop tôt, hors de leur portée. Entre ces deux excès contraires, dans lesquels il faut également éviter de tomber, il y a un juste milieu à garder ; et c'est celui que j'ai indiqué, dans cet ouvrage, en temps et lieu convenables.

Le petit Vocabulaire, placé à la fin de ces *Exercices*, renfermant tous les mots dont la connaissance est indispensable dans l'application de certaines règles, dispensera les enfants de se servir de dictionnaire, ce qui offrira un double avantage ; d'abord, économie pour les parents ; et ensuite, progrès plus rapides de la part des enfants, puisqu'il est reconnu que c'est l'ennui et le dégoût de feuilleter continuellement un dictionnaire, qui retardent le plus leur avancement dans la langue française.

Nota. Je recommande aux Maîtres de ne pas faire passer légèrement leurs élèves d'un Exercice quelconque au suivant, vu que tout *Exercice dépend toujours des Exercices précédents.*

EXERCICES

SUR

L'ORTHOGRAPHE

ET

LA SYNTAXE DES MOTS.

OBSERVATION. Les mots en lettres italiques appartiennent à la règle même où ils se trouvent ; et les chiffres indiquent certaines règles de la grammaire auxquelles on doit recourir, en cas de besoin.

164. * La *maison*. — Les *jardin*. — Mon *père*. — Les *porte*. — La *ville*. — Les *enfant*. — Du *seigneur*. — Ses *sœur*. — Le *maître*. — Mon *cœur*. — Les *feuille*. — Ce *rosier*. — Deux *tante*. — Un *homme*. — Les *champ*. — Au *collége*. — Les *oratorien*. — Mon *salaire*. — La *semaine*. — Ces *peuple*. — Nos *étude*. — L'*enfance*. — L'*habitation*. — L'*ambition*. — Des *richesse*. — Les *légume*. — Ces *jambe*. — Trois *roi*. — Des *devoir*. — Le *chrétien*. — Ma *jeunesse*. — Les *conseiller*. — Nos *chef*. — Ses *mensonge*. — Cette *dame*. — Leurs *soldat*. — La *prudence*. — Ces *officier*. — Les *lumière*. — Ce *magistrat*. — Ces *monument*. — Notre *ville*. — Nos *loi*. —

* Depuis ce numéro jusqu'au N.° 168 inclusivement, comme il ne s'agit que de la formation du pluriel dans les substantifs, le maître fera faire les devoirs à ses élèves, comme suit : *La maison* (*s. f. s.*) — *Les jardins* (*s. m. p.*) — *Mon père* (*s. m. s.*) *etc.* En procédant ainsi, peu de temps leur suffira pour connaître le genre et le nombre du substantif.

Tes *habit.* — Le *verger.* — Ma *cousine.* — Nos *père.* — Les *bienfait.* — Leur *souverain.* — Nos *capitaine.* — La *réputation.* — Ton *sort.* — Tes *parent.* — Les *défenseur.* — Notre *parterre.* — Mon *livre.* — Ce *marchand.* — L'*histoire.* — L'*étude.* — Au *bonheur.* — Ses *sujet.* — L'*admiration.* — Son *siècle.* — La *patrie.* — La *docilité.* — Les *injure.* — Ton *ennemi.* — L'*autorité.* — Quatre *juge.* — Les *armée.* — Ton *roi.* — Aux *droit.* — La *nature.* — Au *prince.* — Des *apôtre.* — La *méchanceté.* — Aux *homme.* — La *puissance.* — Nos *roi.* — Sa *cause.* — Deux *ami.* — Les *citoyen.* — Ces *exploit.* — Leurs *soldat.* — Les *réplique.* — Mon *avocat.* — Des *païen.* — L'*intrépidité.* — Les *habitant.* — L'*amour* 34. — Votre *délice* 34. — Mon *orgue* 34. — Des *science.* — La *corruption.* — La *conscience.* — Cet *homme.* — Les *cerf.* — Votre *forêt.* — Les *réglement.* — La *troupe.* — Cette *magnificence.* — Vos *temple.* — La *douceur.* — Les *état.* — Notre *monarque.* — Ces *jugement.* — Le *fruit.* — Vos *champ.* — Les *campagne.* — Aux *maître.* — La *terre.* — Des *récolte.* — L'*abondance.* — L'*existence.* — Vos *âme.* — L'*instant.* — Notre *naissance,* — L'*ancienneté.* — Du *prophète.* — Vos *sentiment.* — Quatre *serviteur.* — La *divinité.* — La *grandeur.* — Mes *amour* 34. — Vos *délice* 34. — Mes *orgue* 34. — Vos *appartement.* — Du *pardon.* — L'*espérance.* — La *noblesse.* — Leurs *sentiment.* — L'*hommage.* — Leur *dépendance.* — Son *sort.* — Aux *bonté.* — La *providence.* — L'*âge.* — Vos *regret.* — La *faiblesse.* — Le *talent.* — La *parole.* — Le *partage.* — Nos *bien.* — La *sublimité.* — Vos *sentiment.* — Une *vanité.* — Une *grandeur.* — Les *pensée.* — La *mort.* — Au *comble.* — La *gloire.* — Les *trésor.* — Six *financier.* — L'*excellence.* — Du *chrétien.* — Un *disciple.* — La *grâce.* — La *sainteté.* — L'*évangile.* — Les *maxime.* — Ce *philosophe.* — La *droiture.* — Votre *âme.* — Notre *condition.* — Cette *romance.* — Ce *monde.* — L'*image.* — Ton *créateur.* — Les *docteur.* — La *loi.* — Vos *frère.* — Aux *lumière.* — La *foi.* — Aux *persécution.* — La *stérilité.* — Des *campagne.* — Un *ministre.* — La *réconciliation.* — L'*opinion.* — Du *jour.* — La *pratique.* — Des *vertu.*

165. Le *logis* et les *logis.* — Le *cadenas* et les *cadenas.* — L'*échalas* et les *échalas.* — Le *chasselas* et les *chasselas.* — Le *poids* et les *poids.* — Le *débris* et les *débris.* — L'*avis* et les *avis.* — La *perdrix* et les *perdrix.* — La *voix* et les *voix.* — Le *matelas* et les *matelas.* — Le *prix* et les *prix.* — Le *nez* et les *nez.* — Le *remords* et les *remords.* — Le *cours* et les *cours.* — Le *repas* et les *repas.* — Le *discours* et les *discours.* — Le *secours* et les *secours.* — L'*époux* et les *époux.* — Le *corps* et les *corps.* — Le *choix* et les *choix.* — Le *palais* et les *palais.* — Le *héros* et les *héros.* — La *croix* et les *croix.* — Le *commis* et les *commis.* — Le *procès* et les *procès.* — Le *pays* et les *pays.* — Le *fils* et les *fils.* — L'*accès* et les *accès.* — Le *succès* et les *succès.* — Le *temps* et les *temps.* — L'*ours* et les *ours.*

166. Le carreau et les *carreau.* — Le fourneau et les *fourneau.* — L'oiseau et les *oiseau.* — Le château et les *château.* — L'eau et les *eau.* — Le feu et les *feu.* — Le vœu et les *vœu.* — Le flambeau et les *flambeau.* — Le bourreau et les *bourreau.* — Le neveu et les *neveu.* — Le berceau et les *berceau.* — Le jeu et les *jeu.* — Le tuyau et les *tuyau.* — Le drapeau et les *drapeau.* — Le créneau et les *créneau.* — Le fardeau et les *fardeau.* — Le vaisseau et les *vaisseau.* — Le cheveu et les *cheveu.* — Le lieu et les *lieu.* — L'essieu et les *essieu.* — Le troupeau et les *troupeau.* — L'aveu et les *aveu.* — La peau et les *peau.* — Le bureau et les *bureau.*

— Le marteau et les *marteau*. — Le fléau et les *fléau*. — Le tonneau et les *tonneau*. — Le bateau et les *bateau*. — Le boyau et les *boyau*.

167. Les *caillou*. — Les *genou*. — Les *fou*. — Les *cou*. — Les *chou*. — Les *clou*. — Les *filou*. — Les *bijou*. — Les *écrou*. — Les *matou*. — Les *joujou*. — Les *hibou*. — Les *licou*. — Les *pou*. — Les *coucou*. — Les *trou*. — Les *sou*. — Les *mou*. — Les *bambou*. — Les *glouglou*.

168. Le cheval et les *chevals*. — Le mal et les *mals*. — Le travail et les *travails*. — Le détail et les *détails*. — Le portail et les *portails*. — Le caporal et les *caporals*. — Le général et les *générals*. — Le piédestal et les *piédestals*. — Le cristal et les *cristals*. — Le capital et les *capitals*. — Le rival et les *rivals*. — Le fanal et les *fanals*. — L'émail et les *émails*. — Le bail et les *bails*. — Le bal et les *bals*. — Le régal et les *régals*. — L'éventail et les *éventails*. — Le sérail et les *sérails*. — L'attirail et les *attirails*. — Le réal et les *réals*. — Le maréchal et les *maréchals*. — Le métal et les *métals*. — L'amiral et les *amirals*. — L'arsénal et les *arsenals*. — Le cardinal et les *cardinals*. — Le canal et les *canals*. — Le confessionnal et les *confessionnals*. — L'hôpital et les *hôpitals*. — Le tribunal et les *tribunals*. — Le corail et les *corails*.

169. Un esprit * *léger* et une douleur *léger*. — L'homme *étourdi* et la femme *étourdi*. — Le projet *hardi* et l'entreprise *hardi*. — Le *joli* jardin et la *joli* maison. — Le bruit *continu* et la pluie *continu*. — Le peuple *poli* et la nation *poli*. —

---

* Depuis ce numéro jusqu'au n.° 179 inclusivement, il s'agit de l'accord de l'adjectif avec le substantif. Les devoirs des élèves devront être faits ainsi : *Un esprit* (*s. m. s.*) *léger* (*adj. m. s.*) *et une douleur* (*s. f. s.*) *légère* (*adj. f. s.*) — *L'homme* (*s. m. s.*) *étourdi* (*adj. m. s.*) *et la femme* (*s. f. s.*) *étourdie* (*adj. f. s.*) *etc.*

Le voyageur *inconnu* et la voyageuse *inconnu.* — Le fils *aîné* et la fille *aîné.* — Le régiment *indiscipliné* et la troupe *indiscipliné.* — Le frère *puîné* et la sœur *puîné.* — L'air *refrogné* et la mine *refrogné.* — Le *grand* chêne et la *grand* forteresse. — Le récit *ingénu* et la réponse *ingénu.* — L'oiseau *privé* et la tourterelle *privé.* — Le pied *nu* et la tête *nu.* — L'homme *vrai* et la nouvelle *vrai.* — Le pouvoir *absolu* et l'autorité *absolu.* — Le parent *dissolu* et la femme *dissolu.* — L'an *révolu* et l'année *révolu.* — Le Dieu *irrité* et la tante *irrité.* — Le visage *ridé* et la peau *ridé.* — Le cœur *endurci* et l'âme *endurci.* — L'habit *noir* et la veste *noir.* — Le puits *profond* et la science *profond.*

170. L'homme *admirable* et la femme *admirable.* — Le discours *abominable* et la pensée *abominable.* — Le Dieu *adorable* et la croix *adorable.* — Le regard *agréable* et la vue *agréable.* — Le chirurgien *habile* et la personne *habile.* — Le frère *aimable* et la sœur *aimable.* — L'artisan *charitable* et l'âme *charitable.* — Le soin *convenable* et la saison *convenable.* — Le livre *incomparable* et la perte *incomparable.* — L'oncle *inconsolable* et la tante *inconsolable.* — L'objet *difficile* et la chose *difficile.* — Le chien *docile* et la chienne *docile.* — Le vase *fragile* et la cruche *fragile.* — Le père *sensible* et la mère *sensible.* — Le ministre *utile* et la nouvelle *utile.* — Le conseil *salutaire* et la remontrance *salutaire.* — Le repas *ordinaire* et l'heure *ordinaire.* — Le cadran *solaire* et la fleur *solaire.* — Le moment *propice* et la saison *propice.* — Le conseil *injuste* et la demande *injuste.* — Le style *laconique* et la pensée *laconique.*—Le visage *horrible* et la figure *horrible.* — L'acteur *comique* et l'actrice *comique.*

171. Le temps *bref* et la syllabe *bref.* — Le *brief* récit et la *brief* description. — Le procès *abusif* et la procédure *abusif.* — Le commis *actif*

et la femme *actif*. — Le serment *affirmatif* et la réponse *affirmatif*. — Le roi *captif* et la reine *captif*. — Le cheval *chetif* et la mine *chetif*. — Le garçon *craintif* et la fille *craintif*. — Le genre *démonstratif* et la preuve *démonstratif*. — Le droit *excessif* et la dépense *excessif*. — L'homme *fugitif* et la femme *fugitif*. — L'enfant *naïf* et la réponse *naïf*. — L'écolier *oisif* et l'écolière *oisif*. — Le bureau *portatif* et la chaise *portatif*. — Le jardin *récréatif* et la promenade *récréatif*. — Le caractère *vif* et la parole *vif*. — Le chapeau *neuf* et la robe *neuf*. — L'homme *veuf* et la femme *veuf*. — L'animal *lascif* et la femelle *lascif*. — Le pouvoir *administratif* et l'autorité *administratif*.

172. Le *bon* cheval et la *bon* jument. — Le brouillard *épais* et la nuée *épais*. — L'homme *charnel* et la femme *charnel*. — Le bruit *continuel* et la douleur *continuel*. — Le procès *criminel* et l'action *criminel*. — L'*ancien* Testament et l'*ancien* église. — Le pâturage *gras* et la terre *gras*. — L'enfant *douillet* et la fille *douillet*. — Le mur *mitoyen* et la muraille *mitoyen*. — Le *cruel* prince et la *cruel* reine. — Le repos *éternel* et la damnation *éternel*. — Le pain *quotidien* et la fièvre *quotidien*. — Le livre *immortel* et l'âme *immortel*. — Le bien *maternel* et la langue *maternel*. — L'objet *réel* et la chose *réel*. — L'enfant *naturel* et l'histoire *naturel*. — L'ordre *ministériel* et la circulaire *ministériel*. — L'enfant *doucet* et la mine *doucet*. — Le devoir *chrétien* et la pensée *chrétien*. — Le discours *païen* et la cérémonie *païen*. — L'homme *coquet* et la femme *coquet*. — Le jour *artificiel* et la fleur *artificiel*. — Le corps *pestilentiel*, et la fièvre *pestilentiel*. — L'aliment *substantiel* et la nourriture *substantiel*. — Le *gros* arbre et la *gros* poutre. — L'enfant *civil* et la guerre *civil*. — Le poil *ras* et la mesure *ras*. — L'homme *colossal* et la statue *colossal*. — L'enfant *las* et la fille *las*. — L'es-

prit *inquiet* et la conscience *inquiet*.— Le receveur *général* et la liste *général*. —Le *petit* jardin et la *petit* ressource. — Le courage *surnaturel* et la force *surnaturel*. — Le froid *glacial* et la mer *glacial*. — Le pécheur *impénitent* et la pécheresse *impénitent*. — L'esprit *subtil* et la réponse *subtil*. — Le terrain *inégal* et la surface *inégal*. — Le droit *légal* et la forme *légal*. — L'homme *vil* et la femme *vil*. — Le bien *rural* et la propriété *rural*. — L'homme *original* et la pensée *original*. — Le compte *net* et la conscience *net*. — Le *sot* personnage et la *sot* entreprise. — Le garçon *muet* et la fille *muet*.

173. L'esprit *trompeur* et la mine *trompeur*. — L'intrigant *flatteur* et l'intrigante *flatteur*. — Le *meilleur* parti et la *meilleur* chose. — L'étage *supérieur* et la place *supérieur*. — Le prix *inférieur* et la marchandise *inférieur*. — Le mal *extérieur* et la maladie *extérieur*. — L'enfant *menteur* et la fille *menteur*. — Le mal *intérieur* et la douleur *intérieur*. — Le fils *majeur* et la force *majeure*. — Le contrat *postérieur* et l'année *postérieur*. — Le garçon *mineur* et la fille *mineur*. — Le siècle *antérieur* et la date *antérieur*.

174. Le *rigoureux* jugement et la *rigoureux* sentence. — L'écolier *vertueux* et l'écolière *vertueux*. — Le discours *scandaleux* et la scène *scandaleux*. — Le mari *jaloux* et la femme *jaloux*. — Le visage *affreux* et la figure *affreux*. — Le marché *avantageux* et la vente *avantageux*. — Le *courageux* soldat et la *courageux* troupe. — Le procès *coûteux* et l'entreprise *coûteux*. — Le *dangereux* voyage et la *dangereux* rivière. — Le mal *douloureux* et la perte *douloureux*. — Le récit *douteux* et la réponse *douteux*. — L'état *fâcheux* et la chose *fâcheux*. — Le prince *fameux* et la reine *fameux*. — Le maître *fougueux* et la maîtresse *fougueux*. — Le général *heureux* et la mémoire *heureux*. — Le pauvre *honteux* et la fuite

honteux. — Le temps *orageux* et l'assemblée *orageux.* — Le *pompeux* étalage et la *pompeux* cérémonie. — Le repas *ruineux* et la dépense *ruineux.* — L'*odieux* concurrent et l'*odieux* vie.

175. Le mouchoir *blanc* et la couverture *blanc.* — Le costume *grec* et la casaque *grec.* — Le *long* habit et la *long* manche. — Le ragoût *favori* et la viande *favori.* — Le *malin* enfant et la *malin* joie. — Le mari *bénin* et la femme *bénin.* — L'homme *franc* et la volonté *franc.* — Le temps *sec* et la saison *sec.* — Le lieu *public* et la charge *public.* — Le poil *roux* et la couleur *roux.* — Le *faux* ami et la *faux* modestie. — L'air *frais* et la matinée *frais.* — L'âge *caduc* et la santé *caduc.* — Le chien *turc* et la coiffure *turc.*

176. Vos discours *abominable.* — Les âmes *charitable.* — Tes pertes *incomparable.* — Mes oncles *inconsolable.* — Des choses *difficile.* — Vos chiens *docile.* — Des cruches *fragile.* — es pères *sensible.* — Mes conseils *salutaire.* — Aux artisans *utile.* — Les repas *ordinaire.* — Des reproches *injuste.* — Les visages *horrible.* — Vos esprits *léger.* — Les projets *hardi.* — Les voyageurs *inconnu.* — Tes oiseaux *privé.* — Des hommes *dissolu.* — Les années *révolue.* — Leurs âmes *endurcie.* — Des puits *profond.* — Les pluies *continuelle.* — Des filles *craintive.* — Vos réponses *naïve.* — Ces femmes *charnelle.* — Des douleurs *continuelle.* — Vos églises *ancienne.* — Les reines *cruelle.* — Des circulaires *ministérielle.* — Tes pensées *chrétienne.* — Des cœurs *contrit.* — Des pécheresses *impénitente.* — Les enfants *incivil.* — Des femmes *vile.* — Tes yeux *bleu.* — Des hommes *fou.*

177. Le chemin *dangereux* et les chemins *dangereux.* — Le roi *ambitieux* et les rois *ambitieux.* — Le brouillard *épais* et les brouillards *épais.* — Le regard *honteux* et les regards *honteux.* — Le

peuple *heureux* et les peuples *heureux* — Le pâturage *gras* et les pâturages *gras*. — Le citoyen *malheureux* et les citoyens *malheureux*. — Le convive *joyeux* et les convives *joyeux*. — Le visage *niais* et les visages *niais*. — Le discours *captieux* et les discours *captieux*. — L'ennemi *odieux* et les ennemis *odieux*. — Le procès *onéreux* et les procès *onéreux*. — Le poil *ras* et les poils *ras*. — Le jeu *ruineux* et les jeux *ruineux*. — Le palais *coûteux* et les palais *coûteux*. — L'ouvrage *dispendieux* et les ouvrages *dispendieux*. — Le *gros* homme et les *gros* hommes. — Le visage *radieux* et les visages *radieux*. — L'époux *jaloux* et les époux *jaloux*. — L'enfant *las* et les enfants *las*. — Le combat *glorieux* et les combats *glorieux*.

178. L'homme *égal*, les hommes *égal* et les femmes *égal*. — Le droit *national*, les droits *national* et les dépenses *national*. — Le juge *impartial*, les juges *impartial* et les sentences *impartial*. — Le conseil *général*, les conseils *général* et les recettes *général*. — Le droit *légal*, les droits *légal* et les formes *légal*. — Le mandement *pastoral*, les mandements *pastoral* et les lettres *pastoral*. — L'enfant *brutal*, les enfants *brutal* et les passions *brutal*. — Le terrain *inégal*, les terrains *inégal* et les surfases *inégal*. — Le bien *rural*, les biens *rural* et les propriétés *rural*. — L'homme *original*, les hommes *original* et les pensées *original*. — Le droit *seigneurial*, les droits *seigneurial* et les maisons *seigneurial*. — Le bien *patrimonial*, les biens *patrimonial* et les propriétés *patrimonial*. — Le *beau* château et les *beau* châteaux. — Le *nouveau* bâtiment et les *nouveau* bâtiments.

179. La pensée et l'imagination *sublime*. — La faute et le vice *impardonnable*. — L'incendie et l'embrasement *considérable*. — L'incertitude et le doute *continuel*. — Le penchant et l'inclination *immodéré*. — La joie et la gaîté *folâtre*.

— Le jour et la journée *malheureux*. — La contenance et le maintien *décent*. — Le palais et le château *inhabitable*. — La maison et le logis *convenable*. — Le massacre et le carnage *épouvantable*. — Le souvenir et la mémoire *heureux*. — Le métier et la profession *honorable*. — L'homme et la femme *charnel*. — La nue et le brouillard *épais*. — L'ordre et la circulaire *ministériel*. — Le devoir et la pensée *chrétien*. — Le terme et l'expression *élégant*. — La nation et le peuple *brave*. — Le tempérament et la constitution *robuste*. — La nue et le nuage *élevé*. — L'obstacle et l'empêchement *légitime*. — L'odeur et la senteur *désagréable*. — La charge et l'emploi *utile*. — Le discours et l'oraison *chrétien*. — Le capitaine et le soldat *courageux*. — Le tigre et la lionne *cruel*. — L'agneau et la chèvre *doux*. — L'homme et la femme *différent*. — Le pâturage et la pâture *gras*. — Le pasteur et la bergère *criminel*. — La mollesse et la volupté *nuisible*. — La modestie et la science *estimable*. — La pauvreté et l'indigence *extrême*. — La frayeur et la terreur *panique*. — L'avarice et l'ambition *injuste*. — Le prélat et l'évêque *actif*. — La douleur et la mort *inévitable*. — Le jugement et l'éternité *bienheureux*. — La plaine et la montagne *fertile*. — Le pouvoir et la puissance *absolu*. — L'air et la mine *refrogné*. — Le récit et la réponse *ingénu*. — La veste et la culotte *noir*. — La reine et la princesse *cruel*. — La nation et la populace *étranger*. — Le fleuve et la rivière *navigable*. — L'étude et la science *précieux*.

180. *J'admire* * ta patience dans l'adversité. —

* Ce numéro et les suivants renferment toutes les parties du discours ; mais la connaissance de tous ces mots n'est pas d'une nécessité absolue pour les commençants : il suffit qu'ils sachent bien, dans une phrase quelconque, reconnaître le substantif, l'adjectif, le verbe et le sujet. (Quant au régime direct et au régime indirect, on ne les

Je vend la marchandise de mon maître. — *J'ouvre* la porte de ma chambre. — *Je vien* de recevoir des nouvelle de mon frère. — *Je porte* le dîner de mon père. — *Je doi* partir pour la campagne. — *Je te défend* de sortir de ma chambre. — *Je ne rougi* point de ma naissance. — *Je croi* en Dieu le père Tout-Puissant. — *J'adore* un seul Dieu. — *Je ferme* les rideau 166 de mon lit. — *Je prend* la liberté de vous écrire cet 57 lettre. — *Je couvre* mon livre avec du papier. — *Je lui rendi* compte de toute ma conduite. — *Je cour* après mon oncle pour le rejoindre. — *Je li* tout les jour un chapitre de l'Imitation de Jésus-Christ. — *Je sai* par cœur toute les règle de mon rudiment. — *Je souffre* beaucoup de la poitrine. — *Je fend* la foule, et *je* m'*approche* de mon père. — *Je crain* la colère de mon voisin. — *Je boi* très-

leur apprendra que quelque temps avant de les faire passer aux participes). Je vais donc indiquer la manière dont le maître devra faire faire les devoirs à ses élèves, et un seul exemple suffira: *L'homme* (*s. m. s. et suj. du verbe aime*) *vertueux* (*adj. m. s.*) *aime* (*v.*) *son prochain* (*s. m. s.*) C'est ainsi qu'il devra les faire continuer, jusqu'à ce qu'ils sachent bien distinguer ces sortes de mots. Cette connaissance acquise, le maître cessera de leur faire faire cette analyse dans leurs devoirs; mais il devra leur faire analyser grammaticalement quelques phrases de peu d'étendue, de la manière suivante:

On	pron. indéf., sujet du v. *doit*.
doit	v. act., au présent de l'ind., 3.e pers. du sing.
se consoler	v. pron., à l'infinitif.
de	mot invariable.
ses	adj. possessif.
fautes,	s. f. p., régime indirect du verbe *se consoler*.
quand	mot invariable.
on	pron. indéfini, sujet du v. *a*.
a	v. aux., au présent de l'ind., 3.e pers. du sing.
la	art. f. s.
force	s. f. s.
de	mot inv.
les	pron. mis pour *fautes*, et régime direct du v. *avouer*.
avouer.	v. act., à l'infinitif.

souvent du vin de Champagne. — *Je monte* et *je descend* continuellement les escalier de la maison que *j'habite*.—*Je vien* de voir les bel 172 et 176 propriété de mon frère. — *Je devin* le plus riche fermier de mon village. — *Je voulu* le recevoir chez moi avant son départ. — *Je vécu* toujours dans une grand simplicité. — *Je veu* partir demain pour la campagne. — *Je sorti* de chez moi avant le lever du soleil. — *Je cueilli* une poire dans son jardin. — *Je* ne *confond* point le substantif avec l'adjectif. — *Je* lui *vendi* le plus beau de mes chevals 168. — *Je ri* de le voir dans un tel 172 embarras par sa faute.—*Je répandi* du vin sur la nappe. — *J'attendi* mon père pendant une heure. — *Je comprend* tout l'énormité de mon crime. — *J'appri* la mort de mon frère avant sa maladie. — *Je feigni* de ne pas l'entendre. — *Je* te *réserve* une grand récompense. — *Je* te *défend* de faire cet 57 chose.

181. *Nous* te *recommandon* nos enfant. — *Nous devon* bénir Dieu soir et matin. — *Nous vivon* très-sobrement depuis quelque temps. — *Nous faison* nos plus cher délices 34 de la Sainte-Ecriture. — *Nous parton* pour la campagne. — *Nous faisou* tout le bien que *nous pouvon*. — *Pouvon-nous* souffrir une tel 172 injure ? — *Nous marchâmie* pendant deux heure sans pouvoir le rejoindre. — *Nous rencontrâme* un de nos ami sur le quai. — *Nous vendîme* la plus bel 172 maison. — *Nous achetâme* une très-bel 172 voiture. — *Nous* ne *pouvon* vous offrir un logis. — *Nous aimion* mieux les poire que les pomme. — *Nous* le *connaisson* pour être un parfait honnête homme. — *Nous aimon* l'étude, et *nous travaillon* pour acquérir de la science. — *Nous somme* des enfant studieux. — *Nous perdîme* l'espérance de le revoir un jour. — *Nous* lui *conseillâme* de sortir de la ville. — *Nous rougîme* de lui voir commettre une action aussi

vil 172.—*Nous tombâme* entre les main des voleur. — *Nous parlâme* en faveur des infortuné. — *Connaisson-nous* les replis du cœur humain?—*Devon-nous* le croire sur sa parole? — *Nous* lui *donnâme* des conseil salutaire. — *Nous inviton* tout nos ami. — *Nous craignon* beaucoup pour la perte de sa fortune. — *Nous* lui *désiron* une entier 169 réussite. — *Nous blâmon* la conduite scandaleux 173 de cet 57 homme.

182. *Tu donne* une partie de ta fortune. — *Aime-tu* l'étude? — *Veu-tu* venir avec moi? — *Soulage-tu* les malheureux selon ta fortune? — Je désire que *tu vienne* me voir dans la semaine prochaine.—*Tu connaissai* la famille de mon père. —*Tu savai* que je devai 180 partir pour l'armée. — *Peu-tu* me rendre un service? — *Rempli-tu* tout tes devoir? — *Agi-tu* d'après ta conscience? — *Tu adore* Dieu, me *di-tu*? — *Tu garde* la maison de ton maître. — Que *tu sera* heureux, si *tu surmonte* tes malheur et si *tu n'oublie* jamais tes bienfaiteur! — Quand *tu sera* le maître des autre homme, *souvien-toi* que *tu a* été faible comme eux. — *Tu* ne *vaincra* jamais que les âme lâche. — *Ose-tu* dire que la haîne n'est pas dans ton cœur?—*Tu veu* suivre la personne que *tu aime*. — *Tu* ne *voi*, *tu n'entend* que lui, *tu est* aveugle et sourd pour tout le reste. — Ingrat! si *tu sor* de mon île, *tu sera* toujours malheureux. — *Tu verra* ton père; mais *tu* le *verra* sans le connaître. — *Tu croi* être tranquille, et *tu demande* la mort! — Puisque *tu est* encore plus injuste que ton père, *puisse-tu* souffrir des maux encore plus long 176 et plus cruel 172 et 176 que les sien 79.

183. *Vous aimé* l'étude, et *vous estimé* vos parent. — *Vous blâmé* la mauvaise conduite de cet homme. — *Vous* lui *désiré* une meilleur 169 santé. — *Vous* lui *recommandé* vos enfant. —

Vous devé bénir Dieu tout les jour. — *Vous vivé* très-sobrement depuis deux ans. — *Vous* en *faite* vos plus cher délice 34. — *Vous parté* pour la campagne. — *Vous faite* tout le bien que *vous pouvé.* — *Pouvé-vous* souffrir une pareil 172 injure? — *Vous marchâte* pendant deux heure sans pouvoir le rejoindre. — *Vous rencontrâte* un de vos ami. — *Vous vendîte* la plus bel 172 métairie. — *Vous achetâte* une très-bel 172 maison. — *Vous* ne *pouvé* lui offrir un logement. — *Vous aimié* mieux les fraise que les cerise. — *Vous* le *connaissé* pour être un honnête homme. — *Vous aimé* l'étude, et *vous travaillé* pour acquérir de la science. — *Vous ête* des enfant studieux. — *Vous perdîte* l'espérance de le revoir un jour. — *Vous* lui *conseillâte* de sortir de la citadelle. — *Vous rougîte* de lui voir commettre une action aussi bas 172. — *Vous tombâte* entre les main des voleur. — *Vous parlâte* en faveur des malheureux. — *Connaissé-vous* les replis du cœur humain? — *Devié-vous* le croire sur sa parole? — *Vous* lui *donnâte* des conseil pernicieux. — *Vous invité* tout vos parent. — *Vous craigné* beaucoup pour sa santé.

184. Cet 57 *femme vien* de recevoir des nouvelle de son frère. — Mon *père* te *défend* expressément de sortir de chez lui. — L'*avare désire* les richesse. — Une *réponse* doux *calme* la colère. — Cet 57 *femme croi* en Jésus-Christ, seconde personnes 56 de la Sainte-Trinité. — Cet *fille prend* la liberté de venir me voir. — Cet *enfant parlai* sa langue avec facilité. — *Télémaque aimai* beaucoup Mentor. — Je connai 180 *celui* qui *arrive.* — Je soulage *celle* qui *souffre.* — Le *temps* ne *surprend* jamais l'homme vertueux. — Les *ambitieux recherche* les honneur. — Les *maladie attaque* la sobriété comme l'intempérance. — L'*homme* ne *répond* point de son im-

puissance. — Le *malade avai* besoin d'une bon 172 nourriture. — Le vrai *repos dépend* d'une conscience pur 169. — Les *ambitieux* ne *regarde* jamais derrière eux. — Les *homme estime* beaucoup trop les richesse. — Le vrai *mérite consiste* dans la vertu seul 172. — Le *juste prend* connaissance des besoin des pauvre. — Les *martyr demeurait* inébranlable dans les plus long 176 douleur. — Deux *femme* vertueux 174 et 176 *occupe* cet 57 humble chaumière. — Les *enfant* sage *aime* l'étude. — Mes deux *volume renferme* les plus belle hymne 29 de Pindare et d'Horace en l'honneur des héros et des divinité fabuleux 174 et 176. — Son *parent* lui *rendi* les plus grand honneur. — Sa *mère couru* après lui pour lui faire des reproche. — Ma *sœur li* tout les jour les litanies de la Sainte-Vierge. — Cet *écolier sai* par cœur les plus beau 178 morceau 166 de nos poëte. — Cet *femme souffri* les plus vif 171 et 176 douleur. — Du côté de la Grèce *était* tout les *délices* 34 que la *sagesse procure.* — Mes *parent parte* demain pour la campagne. — Mes *fille chante* depuis le matin jusqu'au soir. — Les *cieux annonce* la gloire de l'Eternel. — Les *malheureux reclame* la bienveillance de tout le monde. — Cet *homme crain* la colère de son voisin. — Mon *cousin boi* très-souvent du vin de Bordeaux. — Cet *femme descendi* plusieurs fois les escalier de sa maison. — Cet *ouvrier devin* par la suite le plus riche propriétaire de son canton. — Ma *cousine voulu* le recevoir chez elle pendant les vacance. — Cet 57 honnête *femme vécu* toujours dans l'indigence. — Cet *étourdi sorti* de chez son père sans le prévenir. — Mes deux *enfant parle* la langue latine. — Les *blessure* se *calme*; mais la *cicatrice reste.* — Sous Louis quatorze, tous les *art fleurire.* — *Dieu fai* tout les *changement* qui *arrive* dans le monde. —

Les *animaux* se *réfugie* dans les caverne. — Les *désir croisse* avec les richesse. — Les *étoile brille* pendant la nuit. — Mon *neveu cueilli* des fraise dans mon jardin. — Mon *fils ri* de le voir dans cet 57 attitude. — Cet jeune *fille attendi* le retour de sa mère pendant huit jour. — Ma *tante fein* de ne pas m'entendre. — Mon *oncle* me *défendi* de lui faire du mal. — Les *richesse corrompe* les homme. — Les *voleur prenne* aussitôt la fuite. — Les *avare languisse* dans une extrême pauvreté.

185. Dieu entend tout nos parole, *il voi* tout nos action, et *il connaî* tout nos pensée. — Tout les prophète vire 184 par une lumière divin 169 et *il prédire* en mille manière la venue du Christ. — Vos parent sont les image de Dieu sur la terre ; *il tienne* sa place, et *il sont* les dépositaire de son autorité. — Les Romain aimait 184 la gloire, mais *il connaissait* mieux que nous la véritable gloire. — Les apôtre annoncère 184 la résurrection de Jésus-Chrits, et *il étonnère* la ville de Jérusalem par les miracle qu'*il opérait*. — La médisance est moins criminel 172 que la calomnie, cependant *elle est* quelquefois plus funeste. — La charité ne pense point le mal, *elle* ne *voit* le crime que lorsqu'*il est* évident. — Les personne honnête ne juge 184 point mal des autre; comme *elle sont* droit 172 et 176 et sincère, *elle croie* aisément que les autre le sont aussi. — Les bon sont souvent victime 50 des méchant; mais *il souffre* patiemment les injure. — Le péché mortel est le plus grand de tous les mals 168 puisqu'*il offense* Dieu. — Mes frère ne peuve réussir; d'abord, parce qu'*il* ne *veule* pas suivre mes conseil; et, ensuite, parce qu'*il* ne *connaisse* pas la partie du commerce [qu'*ils embrassé*. — Les enfant paresseux ne peuve 184 faire des progrès dans les science; et par

conséquent *il* ne *sont* pas digne 176 d'obtenir des récompense. — Les plante de ton parterre ne sont pas rare 176 ; mais *elle* n'en *sont* pas moins bel 172 et 176 pour cela. — Je croi que ton cousin aime la bonne chère et qu'*il dépense* son argent dans les soirée qu'*il donne* tout les semaine. — Vers le soir, tout les voyageur se réunire 184, et *il marchère* ensuite vers la vallée voisin. — Les marin construisire 184 d'abord une cabane; et ensuite *il mangère* d'un bon appétit. — Les nègre fire 184 des tentative nouvel 172 et 176 pour rejoindre le canot, mais *elle fure* vain 172 et 176. — Les voyageur sortire 184 du bois, et *il remarquère* avec douleur qu'*il était* encore bien loin de la mer. — Les sauvage vinre 184 le reprendre le lendemain, et *il abordère* avec lui dans un endroit propice pour la pêche, et effectivement *il ramassère* des coquillage. — Les ressource sont infini 169 et 176 : plus les homme save 184 en faire usage, plus *elle* se *multiplie*.

186. La famine et la peste *consumait* son armée depuis deux mois. — Ta raison et ton jugement *demande* une connaissance plus vaste des chose du monde. — La France et l'Italie *renferme* des monument antique. — L'histoire ou la géographie m'*occupe* une grand partie de la journée. — La guerre et la peste *désole* l'espèce humain. — La misère et la maladie *afflige* journellement les faible mortel. — La fortune et la vertu lui *prodigue* une existence heureux. — Le dessin ou la peinture me *charme* beaucoup plus que la lecture des roman. — Mon frère et ma sœur *adore* Dieu tout les jour. — Mon frère ou ma sœur me *demande* presque toujours des conseil. — La douceur et la modération ne *regarde* pas moins les maître que les domestique. — Le jeu et la débauche *ruine* des famille entier. — L'instruction et la vertu *distingue* l'homme de

l'homme. — La hardiesse et l'effronterie *rende* un enfant désagréable. — L'étonnement et la douleur *comprime* un moment la joie public 175. — Une occupation et un travail continuel 179 *surmonte* bien des obstacle. — Ma jeunesse et ma vigueur m'*était* tout excuse. — Sa probité, sa bonne foi et sa modération *rendait* ce bon roi l'arbitre de tout les état qui environnait 184 le sien. — L'ignorance ou la partialité *déguise* tout. — Le figuier, l'olivier et le grenadier *couvrait* tout la campagne. — La prudence ou le courage du sage Mentor me *charmait* beaucoup. — La douceur et le courage du sage Mentor me *charmait* beaucoup. — L'olivier ou le grenadier *couvrait* toute la campagne. — Le port et la mer *semblait* fuir derrière nous. — Ma douceur, ma patience et mon exactitude *appaise* enfin la cruel 172 maîtresse que je servai 180. — La déesse cacha la crainte et l'inquiétude qui *troublait* son cœur. — Ma douceur ou mon exactitude *appaise* enfin la cruel 172 princesse que je servai. — La beauté et la grâce *éclatait* sur tout les visage. — Nestor et Ménélas ne *pure* m'apprendre si mon père était encore en vie. — La crainte et l'impuissance *empêche* les perturbateur de sortir. — Mon oncle et ma tante *aimait* les enfant de mon frère. — La division ou la jalousie *occasionnait* bien des malheur. — La faveur et l'industrie *sont* bon 172 et 176 et nécessaire 176 ; cependant elle 185 ne donne 185 pas le mérite. — Mon frère et mon ami *étudie* ensemble la physique.—La déesse cache la crainte ou l'inquiétude qui *troublait* son cœur. — La beauté ou la grâce *éclatait* sur tout les visage. — Quand la sagesse et la vertu *parle*, elle 185 calme 185 tout les passion.

187. La foi *honore* Dieu et lui *rend* hommage. — Un enfant qui n'*aimerai* pas son père et sa mère, ne *serai* pas un chrétien. — L'écolier qui

manque de courage ne *sera* jamais qu'un ignorant. — L'enfant qui *aime* la correction, *es* un enfant vertueux. — Celui qui *garde* sa langue, *garde* son âme. — Les hommes *estime* beaucoup trop les richesse, et *prise* trop les honneur. — Tout les ouvrage qui nous *reste* des premier siècle, *parle* du sacrifice de la messe. — Priez pour ceux qui vous *persécute*, et qui vous *calomnie*. — Les maladie qui *désolère* l'armée ennemie, *combattire* pour le roi. — Je me *confond* et me *perd* dans l'immensité de sa grandeur. — Je demande souvent que Dieu me *donne* la persévérance dans la pratique de la vertu, et me *fasse* miséricorde. — Dieu *entend* tout nos parole, et *voit* tout nos action. — Les écolier sage *aime* l'étude et *pratique* soigneusement la vertu. — Nos prince *déteste* les cœur pervers, et *aime* ceux qui sont vertueux. — Les chef me *traitère* avec une tendre amitié, et *résolure* de me faire partir avec des vaisseau et des troupe. — Les prophète *détermine* l'époque précis de la venue de Jésus-Christ, et *prédise* sa mort ignominieux 174. — Les esprit bon et droit *reconnaïsse* la voix du souverain juge, et *travaille* pour obtenir le céleste héritage. — La foudre *sillonne* les air et *frappe* les grand arbre. — Les personne qui *habite* cet bel 172 maison, *doive* partir incessamment pour la compagne. — Les maître qui *enseigne* les science dans les collége, *doive* aussi instruire les enfant dans la religion. — Le scandale *tue* l'âme, et lui *ôte* la vie spirituel 172 de la grâce. — Les mystère *renferme* des chose au-dessus de l'intelligence humain 172 et cependant ne *contienne* rien contre la raison. — Celui qui *doute* et qui *observe*, *augmente* sa science. — Tout nos prière *commence* et *finisse* par l'invocation de la Sainte-Trinité.

188. *Chacun cache* son ambition. — Parmi les

honnête gens, *on n'estime* point un homme dont les mœurs sont dissolu 169 et 176.—*Chacun voulai* voir le corps de Sésostris. — C'est avec raison qu'*on recommande* toujours de fuir les mauvais 172 et 176 compagnies.—*On étendai* les martyr sur un chevalet. — Quand *on entre* dans cet ville, *on croi* que c'est la ville commun de tout les peuple. — *On n'égorge* point les victime dans l'enceinte du lieu sacré; *on* n'y *brûle* point comme ailleurs la graisse des génisse et des taureau; *on présente* seulement devant l'autel les bête qu'*on offre* en sacrifice. — *Chacun avai* la mort devant les yeux; *chacun déplorai* son sort. — *On amasse, on accumule*, comme si l'*on* ne *devai* jamais mourir. — *On accompli* le précepte de l'église, mais *on* ne *rempli* pas l'étendue de son désir. — *Chacun pouvai* jouir en paix des chose les plus nécessaire. — *On n'aime* pas les menteur, et *on déteste* les trompeur. — Si *l'on aime* l'étude, *on peu* devenir *savants*. — *Chacun croi* avoir raison. — *Quiconque aime* son prochain est un honnête homme. — *Chacun doi* recevoir le prix de son salaire. — *Quiconque soulage* les malheureux est *digne* de mon estime. — *On craint* la vieillesse qu'*on n'es* pas *sûrs* d'atteindre. — *On es* toujours *utiles* et *chers*, quand *on rempli* bien son devoir. — Un philosophe disai qu'*on étai* digne de souffrir, si l'*on étai meilleurs* que les autre. —*Chacun prie, travaille* et *mérite* pour tout le corps. — *Chacun di* du bien de son cœur, et *personne* n'*ose* en dire de son esprit. — Quoique les premier orgue 34 aie une origine ancien 172, tout les historien convienne 184 cependant que celle 78 qu'*on entendi* en France, ne remonte 184 pas au-delà du huitième siècle 56- — Les premier hymnes 29 qu'*on chanta* dans l'église fure 184 de Saint-Hilaire, évêque de Poitiers.

189. Je compte 180 me rendre demain *à* ma mai-

son de campagne. — Cet homme *a* des manière agréable dans la conversation. — Je croi 180 que vous auré de la peine *a* réussir. — Ce jeune homme *a* du talent. — Ce peintre *a* du goût pour son art. — Je pense 180 souvent *a* Dieu et cependant je l'offense tout les jour. — Je ne veu 180 rendre compte de mes action ni *a* vous, ni *a* vos frère. — Cet 57 jeune demoiselle *a* du talent pour la peinture. — Cette maison *a* plusieurs étage. — La patrie *a* des droit sur vos talent et sur vos vertu. — Heureux celui qui n'*a* point la fol 172 ambition de faire d'autrui son esclave ! — Celui qui ne sai 184 point souffrir n'*a* point un grand cœur. — L'aigle 24 impérial conduisai 184 *a* la victoire nos valeureux phalanges. — Ce jeune homme n'*a* point *a* rougir de sa famille. — Encore trop heureux si les coup les plus cruel de la fortune serve 184 *a* m'instruire et *a* me rendre plus juste. — Ma grandeur ne servai 184 qu'*a* me rendre plus injuste envers les homme. — Que tardon-nous 181 *a* prendre les arme pour soumettre nos ennemi. — Nestor étai facile *a* reconnaître *a* sa vieillesse vénérable. — L'ennemi *a* tout *a* craindre d'une conduite si sage et si ferme. — Vous n'avez rien *a* craindre de mes parent.—Ce jeune homme *a* eu l'heureux 174 idée de vous écrire. — Cet orateur *a* le talent de faire répandre des pleur *a* son auditoire. — C'est un prince qui n'*a* point les qualité nécessaire pour la paix. — L'homme vain méprise les talent qu'il n'*a* pas. — L'honnête homme ne porte envie *a* personne. — L'homme *a* qui son talent ne ser 184 *a* rien, n'*a* souvent besoin que d'une occasion pour le faire valoir. — On *a* souvent tort par la façon dont on *a* raison.

190. Il ne faut jamais *songé* a la guerre que pour défendre sa liberté. — Les peuple de Crotone sont adroit 176 à *tiré* des flèche. — J'avoue qu'il n'y a que toi seul qui puisse 182 m'*obligé* a

recherché la paix.—Le roi découvri 184 que Métaphis l'avait *trompé* par avarice. — La grandeur de son père avait *contribué* a le rendre si indigne de *régné.* — On y goûtait 184 enfin toute les délices 34 que peut *attiré* un commerce immense. — J'ai *demeuré* captif en Egypte comme Phénicien. — Je sai 180 qu'il a le malheur de vous *donné* des ombrage. — Les ministre empêchait 184 la vérité d'*arrivé* jusqu'à lui; car chacun est *intéressé* à le *trompé.* — Le prince ne pensai 184 qu'a *contenté* sa passion, qu'a *dissipé* les trésor immense de son père, qu'a *tourmenté* les peuple et qu'a *sucé* le sang des malheureux. — Tu voi 182 un malheureux qui ne soupire qu'après le bonheur de *retourné* parmi les sien, et de *retrouvé* son père. — Quand mon père part 184 pour *allē* a la guerre, il me prend 184 et m'embrasse. — Voilà un homme qui n'a *cherché* qu'à rendre le peuple heureux, et cependant il est misérable. — Le prince ne savai 184 pas *discerné* les homme droit et simple qui agisse 184 sans déguisement. — Ta patrie a la gloire d'avoir *inventé* la navigation. — Il faut vous *avoué* que depuis quelque temps je sui tellement *occupé*, que je n'ai pas le temps de vous écrire. — Ton peuple ne sera peut-être pas assez *accoutumé* à *campé*, a *dressé* des machine pour *assiégé* une ville ; mais il sera invincible par sa multitude et par son courage. — O illustres Crétois, je ne mérite point de vous *commandé.* — Cet homme m'a *inspiré* tout les réponse que vous venez d'entendre. —Heureux celui qui n'est point *obligé* de *commandé.* — Après avoir *montré* une si grand sagesse, vous ne devez plus vous *laissé traité* en enfant. — Télémaque embrasse les genou 167 de Mentor ; car il n'osait 184 l'*embrassé* autrement, ni le *regardé.* — Je ne pui 180 ni vous *abandonné* ni vous suivre. — Nous devons apprendre a *subjugué* nos passion, a vaincre nos désir et a *supporté* avec courage les plus cruel 172 et 176 disgrâces. — Dès qu'un homme est a craindre, on ne cherche 188 plus qu'a l'adoucir, à le *flatté* et a le *trompé*. — Dieu venai 184 a cet heureux peuple, *ordonné* de l'*aimé* d'un amour 34 maternel.

191. Je vien 180 de voir *votre* maison, et je la croi 180 plus grand que la *notre*. — Ma maison est plus petit 172 que la *votre*. — *Votre* livre est plus beau que le mien. — Vous aimerez le seigneur *votre* Dieu de tout *votre* cœur, de tout *votre* âme, de tout vos forces et de tout *votre* esprit. — Vos jardins sont en meilleur état que les *notres*. — *Votre* fortune est plus considérable que celle de mon frère. — Le château de mon ami est préférable au *votre*. — Sa conscience est moins pur 169 que la *votre*. — Les conseil qu'on vous donne 188 ne vale 384 pas les *notre*. — Je connai 180 depuis quelque temps *votre* manière de vivre. — Je sai 180 que *votre* frère a des connaissance que le mien n'a pas. — Les loi d'autrefois était 184 plus sévère que les *notres*. — Les peuple barbare vienné 184 comme un torrent du haut des montagne pour inondé *votre* ville et pour ravagé 190 *votre* pays. — Je meur 180 content, puisque ma mort vous garantira de la *votre*. — Le peuple doi 184 regardé 190 les *notre* comme injuste 176. — La désobéissance de *notre* premier père causa son malheur et le *notre*. — Pardonnez les torts dont je suis coupable, et me rendez *votre* amitié. — Le soleil ne doit jamais se couché 190 sur *notre* colère. — Si on vous demande 188 un conseil, donnez-le toujours selon *votre* conscience. *

192. J'avais *quelque chose* de plus *précieux* que

---

* Le maître doit s'apercevoir que les récapitulations seraient surabondantes, puisque chaque nouvelle règle renferme toujours quelques-unes des règles précédentes.

ma vie a conserver. — La médisance est affreux 174; cependant la calomnie a *quelque chose* de plus *odieux*. — Si votre ennemi éprouve *quelque chose* de *fâcheux*, ne vous en réjouissez pas. — Si vous racontez *quelque chose* de *plaisant*, mais d'honnête, vous vous ferez écouté 190 avec plaisir. — Je crain 180 que *quelque chose* de *fâcheux* n'arrive a mon frère. — On voi 188 *quelque chose* de *modéré* dans la conduite de cet 57 homme. — J'entendi 180 *quelque chose* d'*odieux* dans le discours de cet 57 orateur. — Dans l'ouvrage de cet 57 auteur, nous y remarquâme 181 *quelque chose* d'*éloquent*. — Dans la conduite de cet 57 femme, on croit 188 y apercevoir quelque *chose de prudent*. — Je promet 180 de vous envoyez 190 *quelque chose* de *precieux*. — La poésie chrétien 172 nous offre *quelque chose* de très-*supérieur* a l'Iliade. — Il y a *quelque chose* de *noble*, d'*aisé* et de *délicat* dans la manière dont s'exprime cet orateur. — Ne dite pas a votre ami qui vous demande *quelque chose* de *pressé* de revenir demain. — Si tu ne manque 182 pas a ton devoir, je te réserve 180 *quelque chose* de *précieux*. — Il y a dans Turenne *quelque chose* qui est encore plus *estimé* que ses victoire, c'est sa vertu. — *Quelque chose* de *pareil* doit lui arrivé 190 encore une fois avant la fin de l'année.

193. — *Ira il* demandé 190 un asile a son ennemi? — Cet homme *songe il* à remplir les devoir de son état? — *Aime on* les personne qui dise 184 du mal des autre? — Cet 57 fille *aura elle* le courage de supporté 190 son chagrin. — Ce professeur *enseigne il* la langue latine? — Comment le sacrifice de la messe nous *applique il* les mérite du sacrifice de la croix? — *Ignore il* les obligation qu'il doit remplir? — *Ira il* exposé 190 son fils a l'affront d'un refus? — *Ouvre on* la porte? — *Ferme on* la fenêtre? — *Ira il* offrir a son ennemi une trop

facile vengeance? — A peine *acheva il* de parler 190, que tout l'assemblée retira sa proposition. — L'ambition de régner 190 vous *fera elle* oublié 190 Pénélope qui vous attend comme sa dernier espérance? — Un homme qui cherche la gloire, ne la *trouve il* pas dans la sagesse? — Une tel 172 conduite n'*annonce elle* pas un grand oubli de Dieu. — Que *trouve on* dans le monde sur quoi l'on puisse compter 190? — Son péché ne *sera il* pas toujours pour lui un trait vengeur, et ne *dira il* pas que tant qu'il sera coupable il sera malheureux. — Ami, s'*écrie il*, sauve ton maître de l'infamie. — Pourquoi ma main coupable ne *respecta elle* pas mon frère? — La gloire des conquête *a elle* rien qui égale ce plaisir? — *Aime il* son pays celui qui refuse de lui consacré 190 sa vie?

194. Les méchant ose 184 *ce* promettre qu'il seront heureux en *ce* monde et en l'autre; mais il 185 *ce* trompe 185 étrangement. — *Ce* ne sont pas ceux qui *ce* loue 184, qui *ce* vante 184, qui *ce* flatte 184, qui *c*'estime 184 qui sont véritablement estimable; mais *ce* sont ceux qui *s*'applique 184 a *ce* rendre vertueux, qui travaille a *ce* rendre bon, à *ce* corriger 190 chaque jour. — *C*'est moi, *c*'est toi, *c*'est lui, *ce* sont tout les homme qui doive 184 aimer 190 Dieu. — *C*'est une grand erreur, *c*'est même une folie d'offensé 190 Dieu, et *c*'est *ce* que ne comprenne 184 pas nos jeune libertin. — *Ce* qui me plaît dans cet 57 jeune fille, *c*'est sa modestie. — *Ce* n'est pas être grand que de *ce* louer 190 et de *ce* vanter 190. — *Ce* que je vous demande, *c*'est de ne pas vous laissez 190 éblouir par les vain subtilité de l'irreligion, *c*'est de ne point prendre des blasphême pour des raison. — Tu juge 182 mal *ce* qui contrarie tes inclination. — La religion combat tout les passion : *ce* que je vous demande, *c*'est que vous ne les consultiez point. — Tout *ce* qui est hors de vous, tout

ce qui est en vous prouve qu'il y a un Dieu. — *Ce* livre porte l'empreinte de la plus haut 172 antiquité. — La femme *ce* laissa séduire par l'esprit tentateur. — *C'est* le dogme de la religion chrétienne, *c'est* à *ce* dogme qu'elle *ce* rapporte, puisque *ce* péché est la source de tous nos maux. — Comment expliqué 190 tout les contrariété qui *ce* trouve 184 en lui? — *Ce* malheur épouvantable retombe sur toute sa postérité. — Dieu *ce* réservait 184 de développer 190 cet 57 promesse pendant *ce* long intervalle.—Les prédictions *ce* perpétue 184, *ce* développe 184 et *ce* multiplie 184 a l'approche du grand événement.—Affirmer avec serment *ce* qu'on n'a pas dessin de faire, *c'est* un parjure. — *Ce* précepte est aussi ancien que le monde. — *C'est* un grand mal que de *ce* livrer 190 dans *ce* saint jour a une dissipation profane; de *ce* permettre des divertissement criminel 176, comme sont les bal, les spectacle; *ce* n'est pas sanctifier 190, *c'est* profaner 190 le dimanche.— *Ce* délassement vous est nécessaire, et vous pouvez vous l'accordé.

195. *Ces* beau 178 lieu 166 loin de modéré 190 sa douleur, ne faisait 184 que lui rappelé 190 le triste souvenir d'Ulysse. — Versez, mes yeux, versez des larme sur *ces* intempérance, *ces* colère, *ces* médisance, *ces* injustice, *ces* impureté qui contriste 184 le cœur de Jésus-Christ.—Pygmalion suppose que les bon ne peuve 184 souffrir *ces* injustice et *ces* infamie. — Ce bon roi se montrait à tous *ces* sujet comme à *ces* propre enfant. — *Ces* parole de mépris percère 184 Télémaque jusqu'au fond du cœur. — Tout *ces* pensée contraire agitait 184 tour-à-tour son cœur. — La vertu est le meilleur héritage qu'un père puisse laisser 190 à *ces* enfant. — Ceux qui tienne 184 *ces* discours sont bien méchant. — Celui qui cache *ces* crime devient plus coupable. — Je passe mes jours dans *ces* désert sans jamais

me plaindre. — Malheur a celui qui séduit l'innocence par *ces* mauvais exemple 27. — Les homme de *ces* pays sont-il plus sain et plus robuste que nous? — Ne décidez point devant *ces* ancien capitaine qui ont tout l'expérience que vous ne pouvez avoir. — L'homme doit demandé 190 a Dieu, par *ces* prière, la grâce de ne jamais l'offensé 190. — Ce n'est pas pour moi que le ciel favorisa *ces* beau lieu. — Saint-Louis aimai la justice, et se plaisait a la rendre a *ces* sujet. — La pauvreté produi 184 *ces* grand homme qui ne sont avare que de la gloire. — Dieu, par sa parole puissant et fécond, tira toutes *ces* chose du néant. — Je fai plus de cas de *ces* richesse spirituel 172 et 176, que de tout les trésor du monde. — Cet homme aborde son ami, et lui parle en *ces* terme. — Ce qui empêche qu'un menteur ne ce corrige, c'est qu'il tire vanité de *ces* mensonge. — Dans *ces* rude épreuve, ce grand homme montra un grand courage, et jamais *ces* malheur ne pure 184 l'abandonner. Il parut sans crainte devant *ces* juge; mais *ces* monstres le condamnère 184 à mort malgré son innocence.

196. — S'il sont Grec, je veu qu'on *les traite* favorablement et qu'on *les conduise* en Grèce sur un de mes vaisseau. — Les bon attende 184 qu'on *les cherche*, et les prince ne save 184 guère *les aller* chercher. — Les prince qui ont toujours été heureux ne sont guère digne de l'être; la mollesse *les corrompt*, l'orgueil *les enivre*. — Vous devez choisir, non pas l'homme qui raisonne le mieux sur les loi; mais celui qui *les pratique* avec la plus constant vertu. — Ce vieillard fait travailler tout les jeune gens; il *les exhorte*, il *les instruit*; il juge tout les différend de son voisinage. — Les homme reconnaisse 184 la grandeur des bien céleste, et il 185 ne font rien pour *les gagner*. — Je fais 180 tout ce qui dépend de moi pour *les ramener* a la vertu. — Si la vanité

ne renverse pas entièrement les vertu, du moins elle *les ébranle* toute. — Je ne désire rien tant que de *les voir* heureux. — Nous tâcheron de *les recevoir* du mieux que nous pourron. — Si notre ennemi nous tend des piége, nous tâcheron de *les éviter.* — Le vice empoisonne les plaisirs, la passion *les flatte*, la modération *les aiguise*, l'innocence *les épure*, la bienfaisance *les multiplie*, l'amitié *les perpétue.* — Avant de partir, nous iron *les prévenir.* — Ce 194 digne ministre de l'Evangile *les console* par ces 195 paroles. — Les généraux *les encourage* a ne point s'abandonner à la peur. — Mes amis *les engage* a partir de suite pour la campagne. — Ces magistrats *les engage* a ne point se porter a la vengeance. — Je ne veu 180 point *les fréquenter*, parce qu'il 185 pourrait 185 me corrompre le cœur. — On *les accoutumait* d'abord a une vie simple, frugal et laborieux. — D'ailleurs les peuple voisin *les respecte*, parce qu'il 185 sont vertueux. — Le style n'est que l'ordre et le mouvement qu'on met dans ces 195 pensée : si on *les enchaîne* étroitement, si on *les serre*, le style devien ferme et concis ; si on *les laisse* se succéder lentement, le style sera diffus et lâche.

197. Je répond 180 *au* observation que vous me faite par votre lettre. — Nous donnon notre superflu *au* pauvre. — Cet enfant joue *au* carte avec son camarade. — *Au* bonheur du prochain ne portez point envie. — Je suis très-sensible *au* honnêteté de votre frère. — Je n'ajoute point foi *au* parole que-vous me dite. — Ce perturbateur ne veut pas se conformer *au* usage de son pays. — Obéissez *au* loi de votre pays. — Il borna toute la musique *au* fête dans les temple, pour y chanté 190 les louange de l'Être-Suprême. — Jésus-Christ monta *au* ciel quarante jour après sa résurrection. — Ces plantes porte 184 des fleurs *au* milieu des rigueur de l'hiver. — Je prend 180 plaisir *au* amusement de mes enfant. — Cet im-

pie ne veu pas croire *au* écriture divine. — J'éprouve de vives 171 et 176 douleurs *au* hanche. — La modestie est *au* mérite ce que les ombre sont *au* tableau : elle 185 lui donne 185 de la force et du relief. — Ces orgues 34 sont *au* nombre des meilleur que je connaisse. — J'abreuve mes bestiaux *au* fontaine de mon voisin. — Dans mon enfance, je croyai 180 *au* revenant; mais je n'y croi 180 plus maintenant. — Ce jeune homme mêle les affaire *au* plaisir — Ce fils ne veut pas tenir *au* engagement de son père. — Je vien 180 d'écrire *au* héritier du défunt. — Cette femme a mal *au* oreille depuis huit jour. — Déclaron la guerre *au* maladie du corps, *au* passion du cœur, *au* sédition des ville, et *au* discorde des famille. — Cet orateur monta à la tribune *au* harangue. — L'homme doit 184 penser 190 souvent *au* bonté que Dieu a pour lui. — Il accour 184 *au* gémissement que poussait 184 sa jeune parente. — Dieu nous ordonne d'obéir *au* puissance de la terre, quand elle 185 ne nous commande 185 rien de contraire à ces 195 divin précepte. — On doit apprendre *au* jeune fille à fuir la vanité. — *Au* agrément de sa personne, cet 57 jeune fille join encore la modestie. — Ce pécheur s'adressa *au* apôtre pour les prier 196 de l'instruire de ses 195 devoir. — C'est un plaisir pour lui de donner 190 son superflu *au* malheureux. — Tout les dimanche, cet enfant assiste *au* office de sa paroisse. — Ce monstre ce livra *au* excès les plus horrible. — Ainsi tombe 184 tout les roi qui se livre 184 *au* conseil des esprit flatteur. — Ulysse porta la flamme et le fer *au* milieu des Troyens. — Il n'est pas ici question de songer 190 *au* maxime suivant lesquel 80 on doit régner. — Trop souvent nous fermon les yeux *au* beauté de la nature. — Je commande *au* monde entier. — Malheur *au* riche qui oublie 184 ce 194 qu'il 185 doive 185 *au* pauvre ! — On s'attache 188 plutôt *au* plaisir du monde qu'*au* service de Dieu. — La religion défend que vous insultiez *au* malheureux, et que vous lui refusiez votre assistance. — Il y a des gens qui insulte 184 *au* malheureu par la manière dont il 185 les secours.

198. — Deux troupe *de jeune garçon* et *de jeune fille* chantait 184 des louanges à la gloire *de Dieu*. — Turenne, ce brillant foudre *de guerre*, était le plus doux des homme. — Cet enfant avait *de long cheveu* qui flottait 184 sur ces épaule. — Télémaque dit à Mentor : Tant *de gloire* ne me touche point. — Nous ne trouvâme dans ce 194 pays que des terre couvert *de ronce* et *d'épine*. — N'oubliez jamais que c'est d'un peuple que vous nommez grossier et barbare que vous recevez cet leçon *de modération* et *de générosité*. — Une couple *de mouton* que ce 194 peuple faisait rôtir, composait les festin des héros d'Homère. — Cher enfant 26, disai une mère à sa fille, sans toi il n'est pas *de bonheur* pour moi. — Cet haute montagne est presque toujours couvert *de neige* et *de glace*. — Les combattant portait des massue pleine *de gros nœud* et *de pointe de fer*. — Il faut établir *de rigoureux peine* contre ceux qui manqueront a l'alliance. — Minerve ne peut nous donner *de meilleur conseil*. — Pendant que Mentor et Idoménée raisonnait ainsi, on entendi tout-à-coup un bruit confus *de chariot*, *d'homme* qui poussait 184 des hurlement épouvantable, et *de trompette* qui remplissait 184 l'air d'un son belliqueux. — Ne craignez-vous point de retrouver *de semblable malheur* dans une semblable guerre. — Les parole de ce 194 vénérable vieillard était 184 encore pleine *de force* et *de douceur*. — Ce jeune homme qui traversait tant *de troupe* ennemie, étonna tous les allié. — Cet homme se 194 sert *de toute sorte de moyen* pour contenté son ambition. — La campagne était couverte *de riche pavillon de toute sorte de couleur*. —

Vous-êtes plus heureux que tout les conquérant qui ravage 184 tant *de royaume.* — Faudra il donc me déshonorer dans l'assemblée de tant *de roi.* — Les roi était plein *de joie* de ce qu'il 185 emmenait 185 avec eux Télémaque. — Il y a *de mauvais exemple* qui sont pire que des crime. — Choisissez pour ami un homme qui puisse vous donner dans l'occasion des consolation, *de sage avis* et *de bon exemple.* — Minerve répandi au-dedans de lui l'esprit *de sagesse* et *de prévoyance.* — Un général téméraire expose souvent l'armée entière à *de grand malheur.* — C'est à mesure que la nécessité de s'exposé au péril augmente, qu'il faut aussi *de nouvelle ressource de prévoyance* et *de courage.* — Un roi ne peut se passer *de ministre* qui le soulage 184, et en qui il se confie. — Plus on a *de peuple* à gouverné, plus il faut *de ministre* pour faire par eux ce qu'on ne peut faire seul. — Voyon combien vos terre porte, dans les année médiocre, *de blé, de vin, d'huile,* et des autre chose utile. — Examinon aussi combien vous avez *de vaisseau* et *de matelot* pour soutenir la guerre contre vos ennemi. — La justice la plus sévère présidai dans le port au milieu de tant *de nation.* — Souvenez-vous que vous devez la vie à nos sentiment *d'humanité.* --- Moins on a *de désir,* moins on porte 188 *de chaîne.* --- Plus on approfondi l'homme, plus on y découvre 188 *de faiblesse* et *de grandeur.* --- S'il est utile de ce faire des amis, il l'est encore plus de ne point se faire *d'ennemi.* --- On peut être sot avec beaucoup *d'esprit*, et l'on peut n'être pas un sot avec peu *d'esprit.* --- On aurait guère *de plaisir*, si l'on ne se flattai 188 jamais. --- Les conquêtes font plus *d'ennemi* qu'elle 185 ne donne 185 *de sujet.* --- Pendant les temps *de trouble* et *de révolution*, on voit briller de temps en temps quelque âme noble et généreux --- Les gens *de bien* et les gens *de mérite* sont les seul qui vive ; les autre homme ne font que végété. — On s'imagine 188 toujours qu'on a plus *de mérite* que les autre. — Aristide et Epaminondas était 186 si ennemi du mensongé, qu'il 185 était 185 incapable *de déguisement* et *de fraude*. — Comment pouvez-vous unir tant *de bassesse* à tant *de grandeur*, tant *de vertu* à tant *de vice*.

199. *Personne* n'est parfaitement *heureux* sur cette terre. — Il n'est *personne* assez *dépourvu* de bon sens pour croire à ces 195 paroles.—*Personne* n'est aussi *content* de son sort que de soi. —Cet 57 jeune *personne* est *plein* de bonne qualité 198. — Je trouve cet 57 *personne* bien *cruel*.—*Personne* n'est plus *cruel* que votre tante. —*Personne* n'est assez *sot* pour le croire.—Pas une *seul personne* fut *content* de le voir.— *Personne* ne fut *content* de son discours.—La *personne* dont vous me parlez n'est pas *criminel*. — Je ne trouve *personne* plus *gai* que votre cousine. — Nous ne connaisson *personne* assez *prudent* pour lui confié notre secret. — Cette jeune *personne* est *joyeux* d'aller a la campagne. — Votre parente est une *personne* très-*sûr*. — Il n'y avait qu'une *seul personne* dans le cabinet de mon père. — *Personne* n'est assez *cruel* pour lui ôter la vie. — Je trouve cette *personne* bien *méchant* de tenir un pareil discours contre son prochain. — Je ne connai *personne* plus *subtil* dans ses répo nse que votre tante. — Je n'envie point le sort de la *personne opulent* dont vous me faite un si beau récit.

200. Si *vous êtes juste*, mon fils, vous ne feré tort à personne.—Mon ami, *vous devez* être *docile*, lorsqu'on vous reprend de vos fautes.—*Vous seriez* bien *aimable*, mes cher enfant, si vous vous appliquiez à remplir tous vos devoirs. — *Vous devenez savant*, mon ami, parce que vous vous livrez à l'étude.—Je crois que *vous êtes* tous *docile* et *exact* au leçon de vos maître. — Je croi, mon cher cousin, que *vous n'êtes* plus

riche, depuis que vous fréquenté les maison de jeu 198. — *Vous vous rendez insupportable*, Messieurs, parce que vous ne cessez de contrarié tout le monde. — Je désire, mon ami, que *vous deveniez riche*, afin que vous puissiez soulager les malheureux. — *Vous êtes inconséquent*, mon cher enfant, dans presque toute vos parole. — *Vous n'êtes* pas assez *indulgent*, Messieurs, envers vos subalterne. — *Vous seriez* moins *cruel* Monsieur, si vous lui arrachiez la vie. — *Vous vous rendez coupable*, mon cher frère, si vous ne vous opposez au mal, lorsque vous le pouvez. — Quand *vous étiez riche* et *puissant*, mon cher ami, vous m'avez toujours été fidèle. — Je désire, Monsieur, que *vous soyez prodigue* envers les malheureux, *économe* chez vous, et *fidèle* a l'égard de vos ami. — Je souhaite, mon ami, que *vous soyez sincère*, *loyal*, et que vous vous conduisiez de manière que vos parent se glorifie de vous avoir pour fils.

201. C'est de cet endroit *la* que le roi regardai *la* bataille. — *La* femme dont vous me parlez, je *la* connai depuis long-temps. — Dans ce siècle *la*, on vit une foule de grand homme 198. — Allez *la*, et revenez de suite. — En ce temps *la*, on fit de belle découverte 198. — *La* conduite de mon ami est digne de blâme. — Dans cette occasion *la*, il valait mieux prendre *la* fuite. — Consultez *la* avant de vous décidez 190. — Priez *la* de vous favorisez 190. — Je connai *la* conduite de mon domestique. — A cette époque *la*, je fit de grande perte 198. — Dans cette société *la*, on passe les soirée à joué. — *La*, on n'entendait jamais que le chant des oiseau et le bruit d'un ruisseau. — *La* grotte de *la* déesse était sur le penchant d'une colline : de *la*, on découvrai *la* mer. — *La*, tu brûle des parfum sur mes autel ; *la*, je te plonge dans un fleuve de délice 198. — *La*, se trouve 184 de haute montagne 198 toujours cou-

verte de neige 198.—*La* pauvreté nous prive d'aider un ami : c'est peut-être *la* sa plus grande rigueur. — *La* dignité du magistrat ne comporte pas qu'il s'abaisse jusque *la.* — A cet époque *la*, je lui fit passer des secours pour l'aider à soutenir sa famille. —Passez *la*, et prenez garde de tomber a l'eau. — Cet enfant regardai de *la*, tout ce qui se 194 passait dans *la* rue. — C'est vers ce temps *la*, que nous apprîme *la* défaite de nos ennemi. — C'est à compté de cet époque *la*, que date *la* conversion de mon frère. — *La*, *la* déesse nous invita a prendre quelque repos. — *La*, nous nous décidâme à passé *la* nuit sous un chêne.

202. Je me souviens de cet instant plein de joie 198 et de trouble 198 *ou* je senti, pour la première fois, ma singulière existence : je ne savai ce que j'était, *ou* j'était, d'*ou* je venait. — Immole un infortuné qui demande la mort *ou* la vengeance. — Les fugitif se précipite dans une caverne au 197 moment *ou* il 185 crure 185 entendre les ennemi qui les poursuivait 196. — Lui seul, *ou* sans ordre, *ou* avec des ordre impie, viola le droit des gens. — Partout *ou* le hasard le conduit, il voit les apprêt de son supplice. — J'imploré ton secours, prend pitié de l'état *ou* tu me réduit. — D'*ou* vous vient, lui dit-elle, cet témérité d'aborder dans mon île ? — Les habitant crure 184 que nous étions, *ou* de l'île de Sicile, *ou* des étranger qui venait 184 pour les surprendre. — On n'entendait plus que le gazouillement des oiseau, *ou* la douce haleine des zéphyr, *ou* le murmuré des ruisseau, *ou* les chanson des berger. — Narbal, qui commandai le vaisseau *ou* l'on me mit, me demanda mon nom et ma patrie. — Les femme ne cesse jamais *ou* de filer des laine, *où* de faire des dessin de broderie 198, *ou* de plier les riche étoffe. — Cet homme couru vers moi pour m'avertir du danger *ou* j'était. — Après ses 195 parole, il 185 allère 185 au lieu *ou* la déesse

les attendait 196. — Fuyez cet cruel terre *ou* l'on ne respire que la volupté. — Il faut qu'il me donne la mort *ou* qu'il souffre que je vous suive. — O mon père ! *ou* laissez-moi cet dernière consolation qui est si juste, *ou* arrachez-moi la vie dans ce moment. — On contribue indirectement au 197 péché des autre, lorsqu'on donne occasion de les commettre, lorsqu'on les approuve 196 *ou* qu'on les loue 196, *ou* qu'on les tait lorsqu'on doit les reprendre, *ou* lorsqu'on fait passer les péché des autre pour de bonne action 198, *ou* lorsqu'on blâme la conduite des homme vertueux. — Il est rare d'entendre raison dans un âge *ou* l'on se fait quelquefois un mérite de ne pas consulté la raison. — O mon Dieu ! faite que la vertu dirige toute nos action, *ou* nous arrachez le jour. — Les plus haute montagne sont les reservoir d'*ou* sorte 184 les plus grand fleuve.

203. La ressemblance des sentiment *rapproche* souvent des homme d'une condition bien différent. — L'homme naît environné d'un nuage d'erreurs qui s'*augmente* par les faux préjugé d'une mauvais éducation. — L'incertitude est une des maladies de l'esprit qui s'*oppose* le plus à notre bonheur. — On ne peut ce dissimulé que la conduite de ces gens-la *était* très-sage. — Vous ête témoin, me dit-il un jour, de cet état de luxe et d'opulence qui *brille* autour de moi. — La soif des grandeurs *devint* bientôt mon unique passion. — Le ministère sublime des prophètes *continue* pendant plusieurs siècle. — La mère des enfants de ce grand homme *sollicite* vainement une pension depuis plusieurs année. — L'école de tous les arts *devient* l'école de la vérité et le centre commun entre tous les vrai fidèle. — L'altération des mœurs *amenait* le refroidissement de la charité. — L'enseignement des pasteurs de l'église *offre* toujours une morale pur et saint. — Cet suite de prophètes *annonce* d'âge en âge l'avènement

du Messie. — Les lois de la raison *commande* le bien et *défende* le mal. — Ce philosophe fit l'énumération des bien qui *accompagne* la vie d'un vrai fidèle. — Les premier feu de l'aurore *rougisse* le ciel et *annonce* l'astre du jour. — La splendeur des étoiles m'*offre* un nouveau spectacle qui vien enchanté mon esprit et mes sens. — Quelquefois, il est vrai, la méchanceté des hommes me *ravit* la plus grande partie des bienfait de Dieu, et me *réduit* au strict nécessaire. — Les témoignages de la bonté divine *doive* exciter en nous la reconnaissance et l'amour. — Le renouvellement des saisons *offre* un spectacle toujours nouveau. — Les lumières de la raison *peuve* nous convaincre de l'immortalité de notre âme. — Alors Dieu nous fera connaître la vanité des plaisirs qui *passe* en un moment. — Les ancien hymnes 29 de l'église *ont* le mérite de la simplicité. — Les délices 34 du cœur *sont* plus touchant que celle de l'esprit.

204. La possession des faux bien du monde ne peu procurer qu'une *fausse* et *trompeuse félicité*. —Cette *belle et mémorable action* ne peut illustrer, si elle n'a pas la vertu pour cause. — Il faut faire de ces idée l'image exact des chose, et de la parole, une *nette* et *vive image* de ces 195 idée.— Le *deuxième*, le *quatrième* et le *sixième livre* de l'Enéide sont de la plus grande beauté. — Le *quinzième* et le *seizième siècle* sont remarquable par de grande découverte. — L'*affreuse* et *inexorable dureté* des riche est la source de presque toute les misère humaine. — Ce héros a été la *généreuse* et *sublime victime* de l'amour de la patrie. — Au *huitième* et au *neuvième siècle*, on comptai trois carêmes, quelquefois quatre, comme dans l'église greque. — Parmi les rois de la *première* et de la *seconde race*, il y en a tout au plus cinq ou six dont le règne mérite d'être citer.— M. de Turenne releva par une *heureuse* et *prudente*

nécessité, l'état qui penchai vers sa ruine. — C'est le destin des chose humaine de n'avoir qu'une *courte* et *rapide durée*. — Le sage conserve sa tranquillité dans la *bonne* et la *mauvaise fortune*. — Il rentre dans le sein de cette église à laquel il fit une si *longue* et si *cruelle guerre*. — Saint-Augustin avait cet *nouvelle* et *admirable manière* de manifester la sainteté la plus éminent, jusque dans les pieux épanchement du repentir. — Voilà le *premier* et le plus *grand commandement*. — Dans le *treizième*, le *quatorzième* et le *quinzième siècle*, les Italien sentire naître en eux le goût des art.

205. Nous *mourrons*, quand Dieu le *voudera*. — Nous *renderons* compte à Dieu de toute nos action. — Nous *parcourrons* demain les principaux quartier de la ville. — Ce jeune homme *recevera* incessamment de l'argent de son père. — Nous *aimerons* toujours ceux qui nous font du bien. — Nous *vouderions* bien vous rendre service, mais nous ne le pouvons pas. — Je sait que vous *défenderez* avec courage les droit de la nation. — Nous *conceverions* bien notre leçon, si vous nous l'expliquiez plus clairement. — Par la suite, nous *connaîterons* mieux nos devoir. — Cet enfant *tombera* dans de grande faute, s'il ne se corrige pas. — Nous ne te *blâmerons* pas de ce que tu aime les plaisir de la campagne. — Tu *perderas* tout ton argent au jeu. — Sans la fonte des neige, nous *receverions* ce soir des nouvelle du courrier. — Les justes *viveront* éternellement, et *receveront* du seigneur un royaume éternel. — Cela vous *invitera* à supporté vos peine avec patience. — Quand vous *lirez* l'histoire des empereur romain, vous en *trouverez* un qui porte le nom de Néron. — Nous *prenderons* soin de vos intérêt, pendant votre absence. — Notre fidélité seul nous *mettera* en possession des bien du ciel. — Fussions-nous à la dernière heure, ô mon Dieu, vous *receveriez*

encore avec consolation nos dernier soupir. — Le monde nous *quittera* avant que nous le quittions. — Tu le *crainderas* comme ton juge, tu l'*honoreras* comme ton père, tu le *respecteras* comme ton roi, tu lui *obéiras* comme à ton souverain seigneur, et tu le *serviras* de toute tes force. — Vous *trouverez* dans le monde des homme impie qui blasphême se qu'il 185 ignore 185. — Les souffrances vous *metteront* a de nouvels épreuve 198. — Idoménée *approuvera* tout ce que vous *jugerez* à propos de faire. — Vous n'*oublierez* jamais ce que les Grecs souffrire 184 devant cet ville. — Tandis qu'ils *conserveront* ce passage, nous *croirons* toujours qu'il 185 veule 185 usurper nos terre. — Télémaque et moi nous *combatterons* ensemble. — Que faut-il que nous fassions? lui *avouerons*-nous notre faiblesse. — Jésus-Christ, à la fin du monde, *descendera* du ciel pour juger tous les hommes, et *rendera* à chacun selon ces 195 œuvre. — Votre corps *mourra* et *ressucitera* a la fin du monde. — Evitez les dispute, et vous *couperez* la racine à bien des maux.

206. Je vous *expliquerez* demain toute les règle de votre syntaxe. — Ces honnêtes gens nous *favoriserons* dans notre entreprise. — Ces savants nous *indiquerons* la marche que nous deverons 205 suivre. — Je vous *délivrerez* des embûche de vos ennémi. — Je vous *ferez* passer de l'argent pour acquitté vos dette. — Ces homme nous *offrirons* le logement et la nourriture pendant huit jour. — Les eaux nous *empêcherons* de continuer notre route pendant quelque jour. — Les fruit nous *servirons* de nourriture jusqu'à ce que nous puissions nous en procurer d'autre. — Je vous *préparerez* une chambre ou vous pourrez passer tout l'hiver. — Je vous *réunirez* demain chez moi avec vos frère et vos sœur. — Vos tante nous *préviendrons* du jour ou elle pourront aller à la campagne. — Ses courageux soldat nous *délivrerons* de la

présence de nos ennemis. — Je ne vous *nommerez* pas les personne qui ont eu l'audace de commettre cet action. — Je vous *apporterez* des chose précieux, à mon retour de la capitale. — Nos ami nous *promettrons* des chose auquel 80 il ne pourront pas tenir. — Ces magistrats nous *condamnerons* peut-être, mais il useront d'indulgence envers nous. — Je vous *divertirez* pendant tout le temps du carnaval. — Je vous *familiariserez* promptement avec les règle de la syntaxe et des participe. — Je vous *porterez* les somme d'argent que j'ai chez moi en dépôt.

207. Je doutai qu'un homme de bien *consêntit* jamais a une tel bassesse. — L'envieux voudrai que tout ce qui est bon *appartint* à lui seul. — On me fit sortir de la tour, je m'*embarquais* avec les autre, et j'eut alors l'espérance de revoir ma famille. — J'ai voulu qu'Andromaque aujourd'hui *honora* son triomphe et *répondit* de lui. — Je vous *donnerai* un conseil salutaire, et pour récompense, je ne vous demande que le secret. — Solon ordonna qu'après sa mort on *porta* ces os à Salamine ; qu'on les *brula*, et qu'on en *jeta* les cendre par tout la campagne. — Quoique Scipion *aima* la gloire, il ne la cherchai point dans le témoignage des homme. — Ne craignez point, lui dis-je, que j'*ai* de la peine à me taire sur vos secret. — La providence permit que Saint-Louis *fit* sentir la force de ses 195 arme à ceux qui voulait s'opposer à sa gloire. — Je *profitais* de ce séjour pour connaître les mœurs des Phéniciens, si célèbre dans toute les nation connu. — J'*admirais* l'heureuse situation de cet grande ville, qui est au milieu de la mer, dans une île. — Quoique Alcibiade se *livra* à tout les délices 34 du monde, il était, quand il le fallait, le plus modéré des hommes. — J'aimerais mieux que mon fils *perdit* la vie, que de ternir son honneur par une action bas et honteux. — Montézuma régnai sur les Mexicains,

lorsque Fernand-Cortès *attaqua* le Mexique, et en *fit* la conquête. — On lisait à ce roi les actions des grand homme, afin qu'il *gouverna* bien son état. — J'*aimais* beaucoup mes parents, parce qu'il 185 prire 185 le plus grand soin de mon enfance. — Une nuit que je ne pouvait dormir, je me *levais*, et de ma fenêtre, je *contemplais* les astre qui roule dans l'espace. — Je doutai fort que la solitude *apaisa* les trouble du cœur, si la raison ne s'en mêlait. — J'*irais* bien vous voir, mais je ne sai quand j'en *aurais* le temps. — Si mon père arrivai de la campagne, je *pourrais* aller te porter tes livres. — Quand j'*arrivais* sur cet côte, j'y *trouvais* un peuple sauvage qui errait dans les forêt. — Les allié souffrirait impatiemment qu'Idoménée *espéra* de les tromper encore. — Une loi de Lycurgue défendait qu'on *éclaira* tous ceux qui sortait d'un festin, afin que la crainte de ne plus retrouver le chemin, les *empêcha* de s'enivrer. — L'ingratitude est un crime si honteux, qu'on n'a jamais trouvé un homme qui *voulu* s'en reconnaître coupable. — Tu t'*épargnerais* bien des regret si tu savait modérer tes passion. — De peur que l'idolâtrie n'*infesta* tout le genre humain, et n'*éteignit* tout-à-fait la connaissance de Dieu, le Seigneur fit alliance avec Abraham. — Nous avions besoin d'un médiateur qui nous *réconcilia* avec Dieu, qui *expia* nos péchés, et qui nous *racheta* de la servitude.

208. Je vient de voir partir pour la campagne les *cinq* enfant de votre frère. — Je connait depuis long-temps les *quatre* commis qui travaille dans votre maison. — Voilà les *douze* poire que je vous destinai 207. — Je vous invite à me faire passé de suite les *soixante* franc que vous me devez. — Je vous adressé les *trente* franc que je doit à votre frère. — Je désire vendre les *neuf* barrique de vin que j'ai dans mon cellier. — Ce professeur enseigne la langue latine aux *quatre*

enfant de ma sœur. — Je compte souscrire aux 197 *huit* volume de l'Histoire Ancienne. — Je vient de voir transférer à la prison les *dix-huit* voleur qui pillère la maison de mon voisin. — Je promet de vous payez les *quarante* franc que mon père vous devait. — Ces *quatre* maître éminent ne forme qu'une seul école. — Mon père vendit ses *quatre* bel maisons à un de mes cousin.

209. On arrive au sommet de cet tour par un escalier qui a quatre *cent* marche. — Le cours de la Loire n'est pas de deux *cent* lieue. — Noé construisi une arche longue de quatre *cent* cinquante pied. — Les trois *cent* guerriers succombe enfin, et abandonne aux Perses un triomphe sans gloire. — On vient d'acheter huit *cent* cinquante chevaux pour la remonte de différent régiment 198 de cavalerie 198. — La persécution de l'église de Jésus-Christ dura plus de trois *cent* ans. — Cet 57 avenue peut avoir environ deux *cent* cinquante pied en longueur. — Ce champ contient quatre *cent* cinquante arpent carré. — Je vient de perdre ma bourse, qui contenait deux *cent* francs en or. — Cette barrique contient au moins deux *cent* trente litre de vin. — Vous m'obligeriez beaucoup, si vous pouviez me prêter huit *cent* francs. — L'Europe a environ onze *cent* lieue en longueur sur neuf *cent* en largeur. — La fameuse mine de Potosi, dans le Pérou, a plus de deux *cent* cinquante pied de profondeur. — Trente sénateur et plus de trois *cent* chevaliers périre sur l'échafaud sous le règne de Claude. — La fameuse muraille de la Chine a environ quatre *cent* lieues en longueur. — Nous en comptâme quatre *cent*, d'une part, et de l'autre, cinq *cent*; ce qui fait en tout neuf *cent*. — L'armée comptait sur un renfort de huit *cent* hommes, mais plus de trois *cent* manquère a l'appel. — La distance de cet ville a ma ville natal est de

plus de quatre *cent* lieues. — Je reconnait vous devoir la somme de sept-*cent* quarante franc.

210. Sur cent personnes, il y en a quatre-*vingt*-dix qui sacrifie à la jouissance du présent, tout les espérance de l'avenir. — Un des plus célèbre édifice de la Chine, est la tour de porcelaine, haute de deux cent 209 quatre-*vingt* pied. — Le son parcour environ cent quatre-*vingt* toise par seconde. — Six-*vingt* homme de troupe arrive à l'instant ; mais quatre-*vingt* doive repartir demain. — Je vous fait passer, par le commissionnaire, cent quatre-*vingt* bouteille de vin de Bordeaux. — Je vient de prêter à un de mes ami, sans intérêt, la somme de trois cent 209 quatre-*vingt*-cinq franc. — Nous vous faison passer les quatre-*vingt*-dix franc que nous vous devion depuis long-temps. — On vient d'arrêter quatre-*vingt* voleur à une petit distance de cet ville. — Je doit acheter six-*vingt* arbre pour envoyer à ma campagne. — Cette barrique doit contenir au moins deux cent quatre-*vingt*-quatre litre. — Cet ameublement me coûte deux cent 209 quatre-*vingt* francs. — Ce manufacturier occupe chaque jour plus de quatre-*vingt* ouvrier. — Tel qui cachait son âge a quarante ans, l'augmente à quatre-*vingt*. — Combien trois cent 209 quatre-*vingt*-quinze franc et deux cent 209 quatre-*vingt*-cinq franc font-il de franc ? Réponse. Six cent 209 quatre-*vingt*. — Cet tour est haut de quatre-*vingt*-sept pied. — La bibliothèque de cet auteur se compose de six cent 209 quatre-*vingt* volume relié, et de cinq cent 209 quatre-*vingt* volume broché. — Ce laboureur récolte chaque année plus de cent 209 quatre-*vingt* septiers de froment, et plus de quatre-*vingt* de seigle. — Ce troupeau se composait de quatre-*vingt* mouton d'Espagne, et de quatre-*vingt* d'Italie.

211. Deux *mille* homme restère sur le champ de bataille, et on fit quatre *mille* prisonnier. —

Salomon fit bâtir un temple dont l'enceinte s'étendait à trois *mille* pied. —Ce voyageur fit plus de cinq cent 209 *mille* dans moins d'un mois. — Deux cent 209 *mille* homme doivent aller rejoindre l'armée du Rhin.—Le cours de la Loire est de plus de cinq cent 209 *mille.* — Ce cheval peut parcourir quinze *mille* dans une heure. — Je doit à mes créancier plus de quinze *mille* franc.—Dans l'année *mille* huit cent 209 trois, je perdis toute ma fortune.—Ce fut en *mille* sept cent 209 quatre-vingt 210 dix-huit que mourut mon père.—La ville de Nantes est à plus de cent quatre-vingt 210 *mille* de celle de Paris.—L'hiver fut très-rigoureux en *mille* sept cent 209 neuf. — Le Gange, un des plus grand fleuve de l'Asie, parcourt plus de dix-huit cent 209 *mille* avant de se jeter dans la mer. — On prétend que Salomon avait deux *mille* écurie. — Une grande partie de l'armée française périt en Russie, dans l'année *mille* huit cent 209 douze.—Le Missisipi parcourt une étendue de plus de deux *mille* sept cent 209 *mille.* —Cet auteur naquit à Rouen, le vingt-quatre septembre *mille* huit cent 209 quatre.—Autrefois, on comptait en Egypte jusqu'à vingt-deux *mille* villes.—C'est de l'année *mille* quatre cent 209 quarante, que date l'invention de l'imprimerie.—Xercès vint attaquer la Grèce avec onze cent 209 *mille* combattants ; d'autres dise dix-sept cent 209 *mille.*— Cette montagne a plus de deux *mille* de hauteur. —Londres compte une population de neuf cent 209 *mille* habitant en été, et d'un million en hiver.—La rivière des Amazones, le plus grand fleuve du monde, avant de se jeter dans l'Océan, parcourt plus de trois *mille mille.*—C'est en l'an *mille* quatre-vingt 210 quinze qu'a eu lieu la première croisade. —L'Angleterre possédait environ vingt-quatre *mille* cinq cent 209 bâtiment marchand. — On compte en France quatre cent 209 villes, quarante-trois *mille* bourg et village, et quatre *mille* trois cent 209 quatre-vingt 210 rivières.—Le Mont-Blanc, la montagne la plus haut de l'Europe, a deux *mille* quatre cent quatre-vingt toises d'élévation. — Le monde que vous voyez n'a pas toujours été ; il y a six *mille* ans, l'univers était encore dans le néant. — La lieue commune de France est de deux *mille* deux cent quatre-vingt-deux toises.

212. Ce militaire partit pour l'armée en mil 211 sept cent 209 quatre-*vingt*, et n'eut son congé qu'en mil 211 huit *cent*.—Des événement déplorable ce passère en Europe vers l'an trois cent 209 quatre-*vingt*.—Ce marin vendit à son frère toute ces propriété, lorsqu'il partit pour l'Amérique, en mil 211 huit *cent*.—Ce contrat se passa entre toutes les parties, le vingt octobre mil 211 sept cent 209 quatre-*vingt*.—La maladie de mon frère ne cessa entièrement qu'en mil 211 huit *cent*.—L'histoire de se peuple n'offre rien de remarquable avant l'an deux cent 209 quatre-*vingt*. — Plusieurs vaisseau se perdire sur les côte de Bretagne, en mil 211 sept *cent*. — Ce grand capitaine remporta une victoire célèbre sur les barbare, vers l'an cinq cent 209 quatre-*vingt*. — Charlemagne monta sur le trône de France, en l'an huit *cent*. — Le premier voyage autour du monde, est de l'an mil 211 cinq cent 209 quatre-*vingt*.—Socrate est mort en l'an quatre *cent* avant Jésus-Christ. — C'est en l'année quatre cent 209 quatre-*vingt* avant Jésus-Christ que se livra le combat des Termopyles.—On transporta en Amérique la canne a sucre, originaire de la Chine et des Indes, vers l'an mil 211 cinq *cent*. — C'est vers l'an quatre *cent* que les barbare commencère a infester l'empire romain.

213. Je vous prie de m'acheter deux douzaine et *demi* de pêche et d'en garder une *demi*-douzaine pour vous. — *Excepté* votre sœur, je ne voit personne. — Votre sœur *excepté*, je ne voit personne. — Saint-Louis porta la couronne d'épine 198 *nu*-pieds, *nu*-tête, depuis le bois de Vincennes jusqu'à Notre-Dame. — Ce criminel mar-

chait la tête *nu* et les pied *nu*. — Je sortit de chez moi à trois heure et *demi*, et je ne suit rentré qu'une *demi* heure avant le coucher du soleil. — Combien me venderez 205 vous une *demi* douzaine de pomme 198, et une douzaine et *demi* de poire 198? — Cet horloge vient de sonner neuf heure et *demi*. — Voulez-vous savoir comment nous employons notre temps? Nous nous levons à cinq heures et *demi*, et nous travaillons à l'étude jusqu'à huit heure et *demi*. Nous avons une *demi* heure pour déjeûner et une *demi* heure pour nous divertir. A neuf heure et *demi* nous entron en classe, et nous en sorton à onze heure et *demi* pour aller dîner. Ensuite, depuis notre dîner jusqu'à notre souper, nous ne sorton pour ainsi dire de classe 198, que pour rentré presque aussitôt à l'étude. — *Excepté* les grande nation de l'Amérique, presque tout les autre peuple était barbare. — Socrate allait *nu* pied dans le plus fort de l'hiver. — *Supposé* la terre en mouvement, les phénomène céleste s'explique avec la plus grande facilité. — Saint-Louis suivait, pied *nu*, l'étendard de la sainte croix. — Les grand seigneur du Tunquin ne paraisse à la cour que *nu* pied. — On peut tout sacrifier à l'amitié, *excepté* l'honnête et le juste. — Les grand phénomène de la nature s'explique aisément, *supposé* la gravitation universel un principe vrai. — On doit éviter, presque autant que le mal, les *demi* remède dans les grand maux. — Tout est grand dans le temple de la faveur, *excepté* les porte, qui sont si bas, qu'il faut y entrer en rampant. — Un volcan est un canon d'un volume immense, dont l'ouverture a souvent plus d'une *demi* lieue. — La vertu *excepté*, tout passe comme un songe. — Une garde terrible tien toujours des épée *nu* autour de sa maison. — Nous passâme toute la nuit *demi* mort par le froid. — La raison qui se borne a s'accommodé des chose raisonnable, et a ne s'écchauffer que contre ce qui est faux, n'es qu'une *demi* raison. — Les arme détruise tout les art, *excepté* ceux qui favorise la guerre. — Tout les fugitif, *excepté* quelque sénateur, demandère grâce à genou. — Tout les demoisellé partire, *excepté* mes sœur. — Tout lès demoiselle partire, mes sœur *excepté*.

214. Je *leur* ferais savoir de mes nouvelle aussitôt mon arrivée. — L'amour 34 filial prescri au enfant l'obligation de soulagé *leur* parent dans *leur* besoin. — L'indocilité empêche souvent les enfant de profiter des leçon qu'on *leur* donnent. — Les Spartiate veule venger *leur* chef où mourir avec lui ; le désespoir double *leur* force, et le combat recommence plus sanglant que jamais. — Les prince de la terre parle, et aussitôt nous obéisson à *leur* ordre ; Dieu commandé ; et aussitôt nous violon ces 195 précepte. — Les juste viveront 205 éternellement : le Seigneur *leur* réserve une récompense magnifique. — Ces peuple font brûler ceux que le sort des arme fait tomber entre *leur* main. — A ces 195 mots, les Français sente tomber *leur* colère. — Tout les soldat tombe au 197 pied de *leur* général. — Les garçon ont *leur* amusement, et les fille ont les *leur*. — Les pauvre ont *leur* peine, et les riche ont les *leur*. — Ces deux homme vertueux mettait tout *leur* bonheur à faire du bien à *lèur* semblable. — Rien ne pouvait éteindre *leur* haine contre ceux qui *leur* faisait des injure. — Il remaqua un de *leur* vaisseau qui était presque semblable au nôtre. — Tout les citoyen s'applique au 197 commerce, et *leur* grande richesse ne les dégoûte jamais du travail nécessaire pour les augmenters. — Le premier devoir des enfant envers *leur* parent, c'est le respect ; ce respect consiste à recevoir avec docilité *lenr* avis et *leur* correction,

à *leur* parler toujours avec soumission, à craindre de *leur* déplaire, a cacher et a excuser *leur* défaut. — Les honneur dont Rome comblait ses 195 plus illustre citoyen, ne faisait pas *leur* félicité. — Vous trouverez 205 dans le monde des homme qui ose soumettre la parole de Dieu à l'examen de *leur* faible raison. — Cyrus connaissai tout les soldat de son armée, et pouvai les désigners par *leur* nom. — Les homme les plus dur et les plus pervers, ont souvent dans *leur* bouche les mot d'humanité 198 et de morale 198. — Homère pein les homme tel qu'il était avec *leur* bonne et *leur* mauvaise qualité. — Les don sont dans *leur* main, sur *leur* front l'allégresse. — Les corps céleste s'attire les un les autre en raison de *leur* masse et de *leur* distance. — Remarquer les défaut des autre sans faire attention à *leur* bonne qualité, c'est être injuste. — Dans les Champs-Elysées, les roi foule à *leur* pied tout les délice 34 de *leur* condition mortel. — Qu'on *leur* apprenne, dès l'enfance, à fuir tout ses 195 délices 34 qui amollisse les homme.

215. Les méchant sont hardi, trompeur, adroit a dissimulé, *près* a tout faire contre l'honneur et la conscience. — Ce prince ne s'entourai que de personne 198 artificieux, *près* à exécuté ces ordre injuste et sanguinaire. — Me voici, mon père; votre fils est *près* à mourir pour apaiser la colère du roi. — La cataracte du Niagara est *près* des limite des Etats-Unis et du Canada. — On ne connaît souvent l'importance d'un action que lorsqu'on est *près* de l'exécuter. — La mort ne prend jamais le sage au dépourvu: il est toujours *près* à mourir. — Rome *près* de succombé, se soutin pendant ses malheurs, par la constance et la sagesse du sénat. — Je voyait les principaux officier du palais *près* à trempé leur 214 main dans le sang du

roi. — On est bien *près* d'être vicieux, lorsqu'on est faible. — On n'est jamais plus *près* d'être la dupe de quelqu'un que lorsqu'on s'imagine être plus fin que lui. — Un soldat doi toujours être *près* a combattre les ennemi de son pays. — La vieillesse et la maladie avertisse l'homme que la mort est *près* de le frapper. — Les libertin ont beau faire les esprit fort, il tremble, quand ils sont *près* de mourir. — Des ami toujours *près* à parlé en notre faveur, sont de bon support 198 dans se monde. — L'amour de la liberté nous empêche souvent de voir les précipice dans lesquel nous somme *près* de tomber. — Cet homme est *près* à faire le sacrifice de sa fortune pour sauver l'honneur de son ami. — Mille fois mon secret fut *près* de m'échapper. — La mort ne surprend point le sage : il est toujours *près* a partir. — *Près* de l'aigle 24 romain mille enseigne bizarre rassemble sous ses loi mille peuple barbare.

216. Des voleur attaquère le courrier sur la *grande* route et le dévalisère. — Cet enfant est très-pieux, et ne manquerai pas un seul dimanche d'aller a la *grande* messe. — Que votre conduite me fait *grande* pitié ! — Ce n'est pas *grande* chose que la pièce que je vient de lire. — Ce jeune homme eut *grande* peur de perdre la vie. — Je fait bâtir une *grande* maison sur le chemin qui conduit à la *grande* route. — Ma *grande* tante vien de mourir subitement. — Dans ce beau jardin, on admire surtout la *grande* statue de Jupiter. — Ma *grande* maman vient d'acheté une bel propriété à deux lieue de ma maison de campagne. — Ce malheureux me fit si *grande* pitié que je lui donnais 207 tout l'argent que j'avait sur moi. — Je né sait pas *grande* chose sur les affaire du gouvernement. — J'eut *grande* peur que mon frère ne put 207 se tirer avec honneur de son entreprise. — On vien de m'annoncer que

ma *grande* tante m'instituai sa légataire universel. — Je croit que ma *grande* maman ne fera pas cet année le voyage qu'elle projetai depuis plus d'un an. — Je fait planter une *grande* charmille à l'extrémité de mon jardin.

217. Je craint qu'il n'*arrive* des accident à mon frère. — *Serait*-il sage, *serait*-il prudent d'établir les passion juge dans une tel cause? — Il ne *dépend* pas de vous, messieurs, d'avoir des richesse; mais il *dépend* de vous d'être vertueux. — De cet idée de Dieu, il *résulte* qu'il a tout les perfection infini. — Il *paraît* que vous ne partiré pas avant nous pour la campagne. — Il *suffit* de comparer les prédiction avec les événement. — Il *existe* des loi que les grand n'observe presque jamais. — Dans ce pays là 201, il *tombe* souvent des pluie qui fertilise la terre. — Il *découle* une eau limpide de ce rocher. — D'ou il *résulte* que ses 195 trois homme parte pour un long voyage, et qu'il ne save lorsqu'il reviendront. — Il ne *tombe* pas un passereau sur la terre sans l'ordre de votre père céleste. — Les grand serait inutile sur la terre, s'il ne s'y *trouvait* des pauvre et des malheureux. — Il *parut* alors un grand nombre de soldat 198. — Il *semble* que de tout temps la vérité ai eu peur de ce montrer au homme. — Il se *trouve* chez les nation des homme supérieur qui ont la gloire de servir de modèle 198 au autre. — Il *semble* que ses 195 deux frère, à leur 214 manière d'agir, ne devrait pas c'entr'aider. — Sur tout la surface du globe, il *naît* et *meurt* trois milles 211 personne par heure. — Il *arrive* très-souvent que les habitant ne peuve ce procurer de la viande fraîche tout les jour pour se faire du bouillon. — Il se *trouve* des gens qui ne veule écouter les conseil de personne. — Il en *résulte* souvent des accident qu'on pourrai prévenir, si on était plus attentif 188.

218. *Commencons* donc par nous instruire de cet guerre qu'il faut soutenir. — Mentor marche vers une porte de la ville du côté par ou 202 les ennemi s'*avancait*. — Idoménée et tout les sien s'*efforcait* de découvrir ce que signifiait tout leur 214 geste. — Il faudrait que tout les homme aimasse les louange, et qu'il s'*efforcasse* de les mériters. — C'est de la naissance de Jésus-Christ que nous *commencons* la série des siècle et des année de l'histoire moderne. — Souvent le ciel serai injuste, s'il *exaucait* nos prière. — Ne *forcons* point notre talent, nous ne ferions rien avec grâce. — On *forca* le palais, ses scélérat n'osère pas résister long-temps, et ne songère qu'à s'enfuir. — Nous ne *remplacons* jamais l'honneur par la gloire, ni le bonheur par le plaisir. — La monarchie français *commenca* sous Pharamond. — Les ignorant croie tout voir, et il ne voie rien : il n'*apercoive* tout au plus que de vaine ombre 198. — A la lueur des éclair, nous *apercûme* d'autre vaisseau qui s'*avancait* vers nous. — La cire *recoit* toutes les forme qu'on lui donne. — Nous *avancons* par la crainte les maux qui doive nous arriver. — Mon ami et moi nous nous *élancâme* sur un loup qui emportait une brebis, et nous le tuâme. — Cet événement fâcheux me *perca* l'âme. — Mes parent me *forcait* d'être honnête et soumis envers tout le monde. — Nous nous *avancâme* vers lui, et nous le priâme d'accepter le peu d'argent que nous avions dans notre bourse. — Mes malheur *commencait* à me rendre expérimenté sur se qui regarde la navigation. — Il est difficile de tromper les autre sans qu'il s'en *apercoive*. — Catilina ne faisai que de succomber, quand l'ambition de César *menaca* Rome d'une prochaine servitude. — Nous ne *recûme* jamais de réprimande 198 de nos maître, parce que nous fûme exact à remplir nos devoir. — Le roi *recut* paisiblement dans son sein cet église

à laquel il fit une si longue et si cruel guerres.

219. Que de jour se passe sans que nous *essayons* de devenir meilleur ! — A nous voir porter nos désir si loin, il semblait 217 que nous *croyons* être immortel. — Vous le *voyez* de loin, mais vous ne pûte le rejoindre. — Il y a quelque année, mon frère et moi, nous *employons* tous les jour plus de cent ouvrier. — Si vous voulez que nous *appuyons* votre demande auprès du préfet, il faut que vous nous promettiez d'en garder le silence. — Comment voulez-vous que nous *voyons* avec plaisir des chose aussi injuste ! — Il faut que vous *fuyez* votre patrie, puisque personne ne veu vous donnez un asile. — Nous seul, nous *égayons* tout la société, par nos plaisanterie. — Si, vous *choyez* bien vos ancien connaissance, elle viendrait vous voir plus souvent. — Nous *effrayons* tout le voisinage par les aboiement de nos chien, quand nous revenion de la chasse. — Nous *côtoyons* les rivage de la fertile Egypte, lorsqu'un vaisseau Phénicien nous fit prisonnier. — Les moyen les plus sûr que nous *employons* pour assurer notre félicité, c'était ceux que la vertu avoue. — Dieu exige que nous *employons* au soulagement 197 de nos semblable les richesse que nous possédons. — La religion veu que nous n'*employons* que les bienfait pour nous vengé de nos ennemi. — Ces personne n'était pas aussi heureux que nous le *croyons*. — La religion nous consolai des maux que nous *essuyons*.

220. La religion exige que nous *sacrifions* nos ressentiment. — L'ennui finira par vous gagnez, à moins que vous ne *variez* vos occupation et vos amusement. — On craint que vous ne *sacrifiez* les plus beau jour de votre vie à un bonheur insensé et chimérique. — Quoi que vous *étudiez*, il faut vous y livrez avec ardeur. — Nous *rions*, quand on nous parlait des roi qui ne pouvait régler entre eux les frontière de leur 214 état. — Nous

crions de tout nos force, et personne ne venai a notre secours. — Vous *calomniez* votre adversaire, afin que tout le monde lui jeta 207 le blâme. — Nous ne nous *défions* point de cet homme, parce que nous le croyons 219 plein de probité 198. — Il est impossible que nous vous *expédions* vos marchandise pour demain. — Je désire que vous *priez* votre frère, de ma part, de venir passé avec moi la bel saison a la campagne. — Nous le croyons 219 honnête homme, et c'est pour cela que nous lui *confions* tout nos affaire. — Vous le *suppliez* d'avoir égard a votre position ; mais, l'ingrat ! il ne daigna pas vous écoutez. — Nous connaîtrions mieux la nature, si nous l'*étudions* dans ces merveille et non dans ses livre. — Il est rare que nous nous *réconcilions* avec un homme qui a blessé notre amour-propre. — Les chose dont nous nous *soucions* le moins, était celle qui contribuait le plus a notre bonheur. — Il est difficile que vous *conciliez* vos devoir avec le goût des plaisir. — Il n'est rien que nous *oublions* aussi promptement que les malheur passé. — Notre intérêt exige que nous ne nous *confions* qu'à des homme d'une grand vertu. — Fasse le ciel que nous n'*envions* au riche 197 que le pouvoir de faire des heureux ! — Racine est le plus grand poëte dont nous nous *glorifions*.

221. C'est dans les ouvrage de Racine que la poésie *déploye* tout ces richesse. — La nature n'*employe* la violence que pour détruire. — Dieu *envoye* au homme les secours nécessaire pour vivre, et au autre des consolation pour bien mourir. — *Essaye* de tout les plaisir, et tu verra que le plus constant est un travail de choix et de goût 198. — Le succès nous *paye* de tout nos peine. — Nous pardonnon souvent a ceux qui nous *ennuye*, mais nous ne pardonnon pas a ceux que nous ennuyons. — Tu *ploye* un arbre, et tu ne peu ployer ton caractère ? — Les femme *em-*

ploye le cuir de leur 214 mouton à faire une léger chaussure pour elle. — On trouve partout des homme qui *employe* les chanson pour marquer leur 214 joie. — Si je ne puit contempler le créateur, j'*essayerai* de le connaître par ces œuvre. — Tu *employe* un mauvais moyen pour parvenir à ton but. — Nous *appuyerons* votre demande auprès du préfet, et vous obtienderez 205 facilement justice. — Si vous voulez faire un voyage avec moi, je vous *défrayerai* de tout vos dépense. — Ne vous affligez point des bien que Dieu *envoye* a votre prochain. — Nous vous *payerons*, dans le mois prochain, tout ce que nous vous devon. — Le général romain *renvoye* les licteur d'un air farouche, et arrive au 197 porte du camp, seul et sans suite. — Cinna *envoye* des licteur à Marius, et leur ordonne de le salué du nom de consul. — La planète Herschel *employe* environ quatre-vingt 210 trois an à faire sa révolution. — Les instant que tu *employe* à l'étude, ne laisse point de vide après eux.

222. Ce monstre *nagait* dans le sang, et *égorgait* tout ceux qui se présentait devant lui. — Un instant après, l'enfant vi un papillon qui *voltigait* sur les fleur du parterre. — Ses roi ne *songaient* qu'a ce faire craindre et qu'a abattre leur 214 sujet, pour les rendres plus docile. — Si ces fabricant *négligaient* leur 214 manufacture, vous les verriez bientôt dans l'indigence. — Son visage pâle et défiguré *changait* a tout moment de couleur 198. — Ce jeune homme ne *songait* qu'à conservé la délicatesse de son teint et qu'à peigné ces cheveu blond. — Les un dire que s'était un homme qui *voyagait* pendant tout sa vie en divers pays. — Ce prince ne *songait* qu'à contenter ses passion et à vivre dans l'oisiveté. — Le roi *mangait* souvent tout seul avec la reine. — Il l'*engaga* à souffrir patiemment sa mauvaise fortune. — Il *songa* au bien de l'état,

et se hâta de rallier les gens de bien. — Ne *jugons* promptement de personne 198 ni en bien ni en mal. — Quand nous *nagons* dans l'abondance, nous ne *songons* point au 197 besoin d'autrui. — Nous *envisagons* rarement les chose sous leur 214 véritable point de vue 198. — La vie serai bien court, si l'espérance n'en *prolongait* la durée. — Nous *envisagons* la nature sous d'autre point de vue 198 que les ancien. — Selon les apparence, nos compagnon perdire courage, et la tempête les *submerga* tout avec le vaisseau. — Le mari et la femme *partagait* ensemble tout les soin domestique.

223. Mon frère *emmene* avec lui une société nombreux pour passer une partie du mois à la campagne. — Ce général *leve* une puissant armée, et va a la rencontre de l'ennemi. — Mes ouvrier *achevèront* leur 214 travaux dans la semaine prochain. — Tu *enlève* le pain à tout une famille respectable, et tu me dit encore que tu nè fait pas une mauvais action ! — Ses jeunes gens *mene* une vie qui les conduira au 197 tombeau dans quelque année. — Comment voulez-vous que j'*acheve* mon ouvrage, si je n'ai pas tout ce qui m'est nécessaire pour le faire ? — Des voleurs *enleve* adroitement la bourse de ma sœur, et prenne aussitôt la fuite. — Si le chemin qui *menè* à la vie vous paraît étroit, pensé que ce chemin vien du ciel. — Si les parent *éleve* bien leur 214 enfant, il seront plein de vénération pour ceux qui les instruise. — Celui qui *seme* l'injustice récolte la haine et la vengeance. — La paix *ramene* l'abondance. — Le temps renverse tout se qu'il *éleve*. — Les homme haut et vain sont semblable au 197 épi de blé 198 ; ceux qui *leve* le plus la tête sont les plus vide. — C'est ainsi qu'on *méne* les homme, sans contrainte, par la récompense et par le bon ordre. — Nous croyon mener les choses, mais ce

sont elle qui nous *mene*. — Longin défini le sublime, ce qui fait qu'un ouvrage *enleve*, ravi, transporte. — On est bien prêt de l'ingratitude, lorsqu'on *pese* un bienfait. — La justice *éleve* les nation, tandis que les crime rende les peuple misérable. — L'ingratitude *enleve* moins de plaisir 198 au bienfaiteur qu'elle n'en ôte a l'ingrat. — Saint-Augustin se *releve* encore sous le fardeau des année et de la souffrance dans son lit de douleur 198. — La véritable piété *éleve* l'esprit, ennobli le cœur, affermi le courage. — L'aigle 24 altier *s'éleve* dans les air avec une force et une vitesse prodigieux 179.

224. On *péche* lorsqu'on blâme la conduite de ceux qui mene 223 une vie exemplaire. — Nous *préférerions* plutôt mourir que de consentir a une action aussi criminel. — Ces honnête gens *accéderont* a toute les demande juste que nous leur 214 feront. — Ce jeune homme *prèfére* l'étude au 197 divertissement, et il a raison. — Ceux qui vive selon l'évangile, *préféreront* toujours la pauvreté au richesse 197. — Ces homme *prospéreront* à cause de leur 214 bonne conduite. — L'homme sensé *espére* peu, et ne *désespére* de rien. — Lorsque la volonté *précéde* la réflexion, le repentir la suit. — L'adulation *dégénére* toujours en ingratitude. — On n'est pas digne de régner, quand on ne *régne* pas sur soi. — Le calorique est un fluide extrêmement subtil, qui *pénétre* tout les corps. — Le printemps et l'automne y *régne* ensemble pour y joindre les fleur et les fruit. — Pour moi, je *préfére* ma patrie a la gloire et a l'opulence de se beau royaume. — Le mari *régle* tout les affaire du dehors, et la femme ce renferme dans son ménage. — Plus on étudie la religion chrétien, plus on y découvre des caractère de sagesse 198 qui *pénétre* le cœur d'amour 198, et l'esprit d'admiration 198. — Je hait tous ces roman dont la lecture aride

desséche mon esprit, et laisse mon cœur vide. — On doit se consoler de vieillir, pourvu que l'on *posséde* un âme saine dans un corps sain. — On ne peut contemplé le soleil, à moins qu'un nuage léger n'en *tempére* l'éclat. — La bonté est presque un vice, quand elle *dégénére* en faibles-se. — On reconnaît aisément le général a la noble fierté qui *régne* sur son visage. — Un silence profond *succéde* bientôt a l'explosion d'une joie bruyan-te. — La fièvre brûle les entraille du malade et *desséche* son palais. — Quiconque *préfére* sa propre gloire au 197 sentiment de l'humanité, est un monstre d'orgueil. — Celui qui ne se *posséde* pas dans les danger, est plutôt fougueux que brave. — La Grèce *posséde* deux lac célèbre dans l'histoire fabuleux. — Le meilleur remède contre l'ennui, se sont des occupation qui se *succéde* sans interruption. — Lorsque sur la nature on *régle* ses besoin, combien s'épargne on de travaux et de soin 198.

225. On s'expose a passé pour un sot, lorsqu'on *répète* les sottise d'autrui. — Il n'est pas de sécret 198 que le temps ne *révéle*. — L'homme de bien oublie facilement le mal, mais il se *rappèle* toujours un bienfait. — Que d'homme 198 comme les planté *végète* sur cet terre! — Cet avare *amoncèle* des richesse, comme s'il devait toujours vivre. — La mort *révèle* les secret du cœur. — Tout *rappèle* l'homme à ses devoir. — La fortune des joueur changent 203 avec la même promptitude que les dé qu'il *jètent*. — Ce qu'on *appèle* flux et reflux n'est que le mouvement alternatif des eau. — L'homme *projète* tout sa vie, et meur sans jouir de ses projets. — Dieu *appèle* les eau pour punir la terre couvert de crime. — Les maxime des homme *décèle* leur 214 cœur. — L'homme, par ses désir, *empiète* sur l'avenir comme pour prolonger la durée de sa vie. — Saint-Louis *rejéte*

les conseil de la politique, quand il ne sont pas d'accord avec la vertu. — Plus un homme vicieux avance en âge, plus le vice *jète* en lui de profond racine 198. — On se *rappèle* le plaisir avec regret, et le bonheur avec attendrissement. — Le cheval *jète* a terre un prince aussi bien qu'un palefrenier. — On ne se *rappèle* le règne d'un bon prince que pour le bénir. — L'âme n'a point de secret 198 que la conduite ne *révèle*. — Le moyen de faire oublier son origine, c'est de prouver qu'on se la *rappèle*. — Je me *jèterai* à ses pieds, et j'embrasserais ses genou. — La vertu vous *rappèle* dans votre patrie pour revoir Ulysse et Pénélope. — Je vous *appèlerai* a mon secours, si je me trouve en péril. — Viens abattre, au 197 pied de la liberté, ses vil patricien qui *chancèle* déjà a l'approche de notre arrivée. — C'est en vain que vous croyiez 207 m'intimidé : jamais je ne vous *révèlerai* la demeure de mes malheureux ami. — Ce malheureux *jète* les yeux autour de lui, et ne voi partout que l'image de la mort. — Tout les cavalier *harcèle* le taureau, et le couvre de blessure 198. — Cet homme *projète* d'aller vous voir demain. — Chez ses peuple, on enferme les parricide dans un sac, et on les *jète* a la mer. — Tout *rappèle* l'homme a ses devoir.

226. Par la suite, les graveur *suppléère* dans leur 214 figure au 197 goût du luxe oriental. — Ce sac doit être de deux mille 211 franc; s'il y a trois cent 209 franc de moins, je les *supplérai*. — Le courage *supplé* souvent a la force. — La valeur *supplé* au 197 nombre. — Je *supplérai* a se qui manque pour parfaire la somme de cinq cents 209 franc. — Rien ne plaît, rien n'*agré* de la part de quelqu'un qu'on n'aime pas. — Jamais l'esprit et la routine ne *suppléront* au 197 bon sens ni au 197 savoir. — Vous *récrérez* votre esprit par la variété des objet que vous lui offrirez.

— Si votre troupe est inférieur a celle de l'ennemi, la valeur *suppléra* au 197 nombre. — Rien ne *récré* la vue comme la présence de ceux qu'on aime. — La religion *supplé* à tout les vertus que la nature nous refuse. — Vous *suppléerez* la chose qui manque. — La nature ne *cré* pas les homme égaux en faculté. — Les règle guide le génie, mais elle n'y *supplé* pas. — La promenade *récré* les écolier, et est utile a leur 214 santé. — J'*agré* l'offre que vous me faite de me servir de votre appartement pendant votre absence. — L'avis qui *agré* le plus, est celui que nous avons déjà adopté. — Je me *récrérai* de tout mes travaux, quand je trouverais 207 quelqu'un pour me remplacer. — Les divertissement honnête *récré* l'homme de son travail. — Vous ne vous *récrérez* point, si vous ne remplissez pas tout vos devoir. — Deux objet du même genre se *supplé* l'un à l'autre. — Il faut exactement remplir la place de ce qu'on *supplé*. — Il suffit de produire à peu près le même effet que la chose à laquel on *supplé*. — Deux objet d'un genre différent, mais d'un égal valeur, *supplé* l'un à l'autre.

227. Les impulsion du cœur sont rarement trompeux ; *abandonne* y toi, si tu veu être heureux. — Je part pour visiter la patrie de Thémistocle ; *accompagne* y moi, et rien ne manquera a ma satisfaction. — *Donne* en l'exémple, et nous marcheron sur tes tracé. — *Offre* y ton offrande, et retire-toi ensuite à l'écart. — *Ouvre* en la porte, et apporte-moi ma robe de chambre. — *Dispose* en comme si tu en était le légitime propriétaire. — *Prouve*, en cette occasion, què tu est capable de mourir pour la patrie. — *Amène* y ton frère, et nous passeront ensemble une soirée agréable. — Tant que tu viveras, *garde* en le souvenir. — *Donne* en des preuve, et nous ajoutrons 205 foi a tes parole. — *Souffre* en cette vie, pour l'amour de Dieu, les injustice qu'on te fera. — *Souffre*

en patiemment la présence, puisque tu ne peu te dispenser de le garder a ton service. — Cet marchandise me convient, *fixe* en le prix. — *Trouve* en un autre pour me remplacé. — *Conserve*, en cet occasion, tout ta présence d'esprit.

228. *Quelque* pure que soit leur 214 intention, *quelque* lumière qu'il ait, *quelque* soit leur 214 expérience, les homme peuve ce laisser égaré. — Il y a toujours une manière de dire les chose; *quelqu'elle* soit, plus agréable et plus persuasif. — Considérez la condition des homme qui dirige les affaire : *quelque* sage qu'il soit, *quelque* soit leur 214 puissance, *quelque* lumière qu'il posséde 224, que d'agitation 198! que de traverse 198! — Le plus fin, *quelqu'il* soit, est souvent la dupe de sa finesse. — *Quelque* talent que vous ayez, *quelque* soit les avantage que vous tenez de la nature et de l'éducation, enfin *quelque* grande que soit vos perfection, ne vous attendez au 197 suffrage que d'un petit nombre d'homme 198. — *Quelque* grand talent que nous possédions, la moindre des vertu a plus de prix au yeux de la divinité. — *Quelque* nom qu'on puisse donner à la défiance, elle est toujours le vice des âme bas. — *Quelque* opiniâtre que nous soyons, il n'est rien que nous plions 220 plus facilement que notre caractère, quand il s'agit de notre intérêt. — *Quelque* vain laurier que promette la guerre, on peut être héros sans ravager la terre. — De *quelque* avantage que vous jouissiez, vous ne serez point heureux, si vous ne savez réprimer vos passion. — *Quelque* beau que soit les endroit ou tu est, tu t'y déplait toujours. — Si vous devez avoir compassion des pauvre, *quelqu'il* soit, combien plus encore devez-vous soulagé vos parent. — *Quelque* soit vos ennemi, *quelque* nombreux qu'il paraisse; *quelque* partisan qu'il ait, *quelque* chaud que soit ses partisan, nous triom-

pheron, je vous l'assure. — Tes crime, *quel-qu'*il soit, Dieu te les pardonnera, si tu t'en répen. — *Quelque* difficile que soit ses règle, *quelque* peine que vous vous donniez, vous ne devez pas désespérer d'un plein succès. — *Quelque* grand que soit tes crime, la miséricorde de Dieu est encore plus grande. — *Quelque* ami que vous ayez, soyez malheureux, vous n'en aurez plus. — *Quelque* soit les humain, *quelque* sot qu'il puisse être, il faut vivre avec eux. — *Quelque* soit vos talent, soyez modeste. — *Quelque* soit le désir que vous ayez de parvenir, vous ne réussirez pas. — *Quelque* précaution que je prenne, de *quelque* ménagement que j'use pour annoncé a mon frère la mort de ses deux fils, je craint qu'il ne puisse supporter un si grand malheur. — *Quelque* soit ma philosophie, je ne puit souffrir les injustice. — Une couronne n'est jamais trop chère, disait un roi, *quelqu'*en soit le prix. — *Quelque* considérable que soit vos bien, craignez de les perdres. — *Quelque* savant qu'il soit, il sont modeste. — Un titre, *quel-qu'*il soit, n'est rien, si ceux qui le porte ne sont pas homme de bien. — *Quelque* méchant que soit les homme, il n'ose paraître ennemi de la vertu. — *Quelque* soit la facilité de votre esprit, *quelque* grand que soit votre application, vous ne parvienderez jamais à la connaissance de tout les science. — *Quelque* soit les suite de cet nouvelle, je ne puis différer davantage de la lui apprendre. — *Quelque* bon que soit certain sujet, *quelque* trait qu'il renferme, si l'auteur les écrit mal, on les lit peu. — Tout homme qui garde une noble indépendance, me semble respectable, *quelque* soit d'ailleurs ses opinion.

229. C'est moi, dit le Seigneur, qui *destinai* cet enfant à être un jour le libérateur de son peuple. — C'est toi qui *donna* de bon conseil 198.

à mon frère. — C'est moi qui *nourrit* les oiseau du ciel. les poisson qui nage dans la mer, et les animaux qui rampe sur la terre. — C'est moi qui *permet* que le juste souffe sur la terre pour éprouver sa vertu. — C'est moi qui vous *rend* le livre que votre mère m'avait prêté il y a huit jour. — C'est toi qui *est* cause de la ruine entier de ma famille. — C'est lui qui *donne* des ordre à tout les employé de ce bureau. — Je suit l'étranger qui *conseilla* à ton père de quitter sa patrie. — C'est toi qui *défendit* la ville, et qui *conseilla* au habitant de ne pas capituler. — Moi qui ne *perdait* jamais de vue les auteur de mes jour, je fut pourtant enlevé par une troupe de brigand 198. — O toi qui *fait* luire à nos yeux l'astre qui nous éclaire, qui *embellit* pour nous la scène du monde, qui *sème* tant de bien 198 sous nos pas, qui *unit* tout les être par les liens du sang, inspire-moi l'amour de mes semblable! — C'est toi qui *est* le souverain maître de se beau pays. — Je suis l'innocent qui *gémit* dans ce cachot depuis six mois. — O toi qui *rougit* de ta naissance, et qui ne *soulage* point tes parent dans leur 214 besoin, pense-tu que Dieu ne te punira pas un jour de ton orgueil et de ton ingratitude? — Tu est l'auteur qui *remporta* le prix proposé par l'Académie. — Moi qui *croyait* être très-instruit dans les sciences, et je ne suis qu'un ignorant.

230. Vous voyez, fils du grand Ulysse, avec *quelle* faveur je vous reçoit ici. — Je vit avec *quelle* adresse il nous délivra des Troyens qui nous poursuivait. — Ses peuple nous présentère à Aceste, afin qu'il put 207 savoir de nous *quelle* était nos dessins, et d'où nous venions. — *Quelle* est aimable cet jeune demoiselle qui ne perd jamais de vue les auteur de ses jour! — Tout les compagnie m'inspirait je ne sait *quelle* inclination pour le désordre. — Dite-nous donc *quelle* fut se voyage, et ne perdons pas un

moment. — *Quelle* mine! *quelle* beauté! *quelle* douceur! *quelle* modestie! mais *quelle* noblesse et *quelle* grandeur! Si nous ne savions qu'il est le fils d'un mortel, on le prenderait 205 aisément pour Apollon. — *Quelle* est ingrate de ne pas reconnaître tant de service 198! — *Quelle* plaisir de pouvoir apprendre par vous des nouvelle de mon père! — Télémaque dit ensuite : Je voudrait bien savoir *quelle* loi règle les mariage de cette nation? — De *quelle* ville de Phénicie ête-vous? me dit-il. Je ne suit point Phénicien, lui répondi-je. — *Quelle* est présomptueuse de c'imaginer que tout le monde parle d'elle a sa louange! — *Quelle* exemple de vertu 198 ne devons-nous pas à Saint-Vincent-de-Paule! — *Quelle* variété admirable présente les production de la terre, pour les besoin et pour les plaisir des homme! — Si les malheureux pouvait faire entendre leur 214 voix et leur 214 plainte, de *quelle* soupir 198, de *quelle* gémissement 198 ne ferait-il pas retentir l'univers? — Vous voyez, mon cher enfant, a *quelle* excès conduisent les mauvais compagnie. — *Quelle* est laborieux cette jeune personne ; mais aussi *quelle* est présomptueux! — *Quelle* sont content d'être de retour de la campagne pour reprendre leur 214 travaux! — *Quelle* sont impertinent ses jeune fille qui méprise leur 214 semblable! — *Quelle* est bel cet doctrine! *quelle* est digne de Dieu! — *Quelle* gens que les avare, qui passe leur 214 vie a compter leur 214 écu! — *Quelle* délices peut-on comparer à celle que cause une bon action? — *Quelle* couple que Philémon et Baucis!

231. L'âme demeure *tout* étonné, *tout* stupéfait a la vüe des grand scène qu'offrent la nature. — *Tout* méchant que sont les homme, Dieu veut que nous les aimions. — Les habits sont de laine 198 fine et de bel couleur 198, mais *tout* uni et sans broderie. — La nature *tout* entière se

trouve dans les grand poëme épique. — Nos vaisseau sont *tout* prêt, et le vent nous appèle 225. — Les talent, *tout* précieux qu'il sont, sont peu de chose 198, en comparaison des vertu. — Ma sœur fut *tout* étonné de me voir partir. — Ces femmes était *tout* habillé. — Les philosophe, *tout* profond qu'il sont, ignore la cause de bien des effet. — *Tout* engourdi qu'est la paresse, elle fait plus de ravage chez nous, que tout les autre passion. — Ces jeune gens furent *tout* interdit d'entendre prononcer une tel sentence. — Cette femme fut *tout* surprise d'entendre parler de la sorte. — Ses jeune fille fure *tout* pénétré de la douleur la plus vif. — Il n'y a point d'absurdité 198 qui ne trouve des tête *tout* disposé à les recevoirs. — Les prospérité militaire laisse dans l'âme je ne sait quoi qui la remplit *tout* entière. — Elle était *tout* honteuse de sa conduite. — Les plus grand philosophe, *tout* éclairé qu'il sont, ignore les véritable cause des effet naturel. — Vos discours, *tout* séduisant qu'il sont, vos promesses, *tout* bel, *tout* avantageux qu'elle paraisse, ne saurait me tenter. — L'espérance, *tout* trompeuse qu'elle est, sert au moins à nous mener à la fin de la vie par un chemin agréable. — Votre âme, pendant que vous m'écoutez, paraît *tout* interdit. — *Tout* spirituel que sont certaine personne, elle ne save pas que c'est montrer de l'esprit que de faire paraître celui des autre. — *Tout* agréable qu'est la possession d'un bien ardemment désiré, elle ne vaut presque jamais l'espérance de le posséder. — Cet jeune personne a la figure *tout* hâlée. — *Tout* humble qu'elle est, cet jeune personne manque cependant quelquefois de modestie 198.

232. Pygmalion ne connaissai pas les gens de bien, car de *tel* gens ne vont pas chercher un méchant roi. — *Tous* les *honnêtes* gens s'intéres-

se à un jeune homme savant et modeste. — Que de gens, *spirituel* dans la société, se font connaître pour des sot dans les conversation sérieux. — Il n'y a que les fripon qui fasse des ligue, les *honnête* gens se tienne *isolé*. — Une fois leur 214 vanité satisfait, bien des gens sont *indifférent* au reste. — *Certain* gens étudie tout leur 214 vie, et ne save pas penser. — *Tous* ces gens à qui l'on ne peut rien apprendre ne sont pas ceux qui save le plus. — Le bonheur dont *tous* les honnête *gens* sont le plus jaloux, c'est l'estime et l'amitié des autre homme. — *Tout spirituel* que sont *certain* gens, il ne save pas que c'est montrer de l'esprit que de faire paraître celui des autre. — C'est obliger *tous* les *honnête* gens que d'obliger les gens *vertueux*. — Nous devons regarder ces gens là comme de *méchant* gens. — Les *méchant* gens sont toujours *dangereux* à fréquenter. — *Tous* les gens *sensé* condamneront vos maxime pernicieux. — Les *vieil* gens sont presque toujours *soupçonneux*. — On rencontre quelquefois des gens *vertueux* a la cour. — Dans tout les gouvernement, ils se trouvent des gens *malintentionné*. — *Tous* les gens qui pense bien, sont *courageux* dans le danger. — *Tout* les *méchant* gens sont *bon* à ne pas fréquenter. — Les gens *capricieux* sont difficile à contenter. — Ces gens la sont *soupçonneux*, mais il n'accuseront personne sur un léger soupçon. — On rencontre des gens *méchant* dans tout les classe de la société. — Je connait des gens *vertueux* qui souffre sans jamais se plaindre. — Je vous invite a donner des secours à *tous* les gens *malheureux* qui vous demandront 205 l'aumône. — Combien voit-on de gens *malheureux* par leur 214 inconduite !

233. On n'y voyait *aucune* autre viande que celle des oiseau qu'on venaient de prendre dans des

filet. — *Nul* mortel ne peut entrer dans cet île sans mon consentement. — Le glaive qui devai nous percer était devant nos yeux ; et *nul* compassion ne pouvait garantir notre vie. — Ne craignez point, lui dit-je, que j'ai *aucune* peine à me taire sur les chose que vous vouderez 205 me confier. — Mourons, mon cher Mentor, *nul* autre pensée ne doit occuper notre esprit ; mourons, puisque les hommes n'ont *aucune* pitié de nous. — Ce monstre supposait qu'il n'y a *aucune* sincère vertu sur la terre. — Son visage me parut si pâle, si triste et si austère, que je ne put en ressentir *aucune* joie. — L'homme qui n'a *aucune* mœurs est le plus méprisable et le plus malheureux des homme. — L'esprit ne tient lieu d'*aucun* talent, ni la vanité de *nul* vertu. — Quoique les deux gladiateur ne ressente *aucun* mouvement de haine 198, *aucun* mouvement de vengeance 198, il vont s'égorger pour le plaisir de Rome. — *Nul* ne sait s'il est digne d'amour 198 ou de haine 198. — *Nul* de ses dame n'ira ce promener. — Les parent du défunt ne voulure lui faire *aucune* funérailles. — Les traité des puissance du Nord devinre *nul*. — On éleva ce jeune homme sans jamais le contrarier dans ses mauvaise habitude ; aussi n'a il 193 *aucune* mœurs. — Il ne répandit *nul* pleurs lorsqu'il apprit la mort de son frère. — On ne fit *nul* obsèques au roi. — Pourquoi dans l'adversité nous abandonner à la douleur, puisque *nul* pleurs ne saurait changer le cours des événement. — *Nul* plaisir n'égale celui que cause une bonne action. — Celui qui ne fait *aucun* frais pour plaire est rarement aimable. — *Nul* monument, *nul* fait, *nul* histoire ne nous dit que le monde existait auparavant.

234. Cette femme, quoique bien âgée, se tient très-*droit*. — Presque tout les fleur de mon parterre sente *bon*. — Ces homme la se font

fort de la réussite de leur entreprise. — Sur la demande que le maître adressa a mes enfant, il restère *court*. — Cet actrice chante *faux*, quoiqu'elle déclame très-bien. — On paye 221 les secours bien *cher* lorsqu'il faut qu'on les mendient. — C'est acheter bien *cher* la confiance du public et le nom de savant. — Ses enfants parle *haut* pendant les classe. — Je ne puit rester à côté de cet femme, tant elle sent *mauvais*. — Il y a des oiseau qui voie plus *clair* la nuit que le jour. — Le peuple croit que l'augmentation du prix des denrée vient 203 de ce que les marchands en font des amas pour les vendres plus *cher*. — Je resterai 207 un jour entier dans ce jardin, à cause des fleur qui sente *bon*. — Des remords coûte bien plus *cher* que les bénédiction de toute une famille qu'on tire de la misère. — Charles XII éprouva ce que la prospérité a de plus *grand*, et ce que l'adversité a de plus *cruel*. — Les Français parle *vite*, et agisse quelquefois lentement. — Cet jeune fille parle *gras*. — On croit que ma fille a la vue courte, cependant elle voit très-*clair*. — Un roi disait : une couronne ne coûte jamais trop *cher*. — On aime la réputation d'intégrité, mais on ne veut pas quelle coûte *cher*. — Vous me vendez *cher* vos secours inhumain. — Je vient de faire teindre ma robe de chambre en *gris* et ma culotte en *noir*. — On plaça 218 cette enseigne beaucoup trop *bas*; aussi fallut-il l'élever deux pied plus *haut*.

235. Ma sœur a le visage ovale, la bouche petite, les lèvre vermeil, les dent d'une grande blancheur, les yeux *bleu-foncé*, les sourcil épais, et les cheveu *châtain-clair* et long. — L'une des deux filles de mon cousin a les yeux *bleu-clair*, et les sourcils *châtain-clair*; l'autre a les cheveux *chatain-clair*. — Quelque mythologue représente Apollon avec des cheveu *blond-*

cendré; d'autre, avec des cheveux *chatain-clair.* — Les étoffe *rose-tendre* ne siéent qu'au jeune âge. — Votre mère a les cheveu *chatain-clair* et les yeux *bleu-foncé.* — Des rideau *rouge-foncé* décore tout les fenêtre des chambre de mon père. — Ma sœur vient d'acheté quatre robe, dont deux sont *jaune-clair*, et les deux autre *vert-foncé.* — Mon frère préfére 224 les tapisserie *jaune-doré* au tapisserie *jaune-verdâtre.* — Les couleur *rouge-clair* sont, selon moi, préférable au couleur *rouge-foncé.* — On a fait cadeau à ma tante de deux robe *bleu-foncé* et de deux robe *bleu-clair.* — Les rideau de mon lit sont *jaune-doré.*

236. Cet homme, dont les rois eux-*même* enviait la fortune, pauvre maintenant, porte sur son visage les trace affreux d'une vieillesse prématuré. — Les personnes qui tienne ses discours vous trompe, ou elle s'abuse elle-*même.* — Si la confiance n'est pas dans tout les cœur, c'en est fait de nous-*même.* — A cet affreux spectacle, les femmes elle-*même* ne détourne pas les yeux. — Ces malheureux, hors d'eux-*même*, vont chercher au sein de leur patrie en deuil le bienfait d'un prompt trépas. — Ne vous abandonnez pas vous-*même*, mon ami; le moment de notre délivrance approche peut-être. — Ne nous reposons point sur la vertu de nos père, soyons nous-*même* gens de bien. — Parmi les femme, celle-*même* qui sont les plus pieux, ne sont pas exempt de défaut 198. — Mon cher enfant, sans la grâce de Dieu, vous ne pouvez rien de vous-*même* pour votre salut. — Ceux-*même* qui aurait le désir de vous obligez ne le peuve pas. — Vous pouvez vous-*même*, mes ami, devenir des homme utile à la patrie. — Roxane dit, dans Bajazet: Mais nous-*même* allons, précipitons nos pas. — Les scélérats *même* condamne les vice des autre. — Vos

malheur *même* ne peuve vous garantir de mon indignation. — Ces mur *même*, seigneur, peuve avoir des yeux. — Vous retombez continuellement dans les *même* alarme. — A cet vue, les Mexicains reste quelque temps immobile ; ce sont toujours ces *même* Espagnol dont l'aspect les faisaient trembler : ils sont toujours les *même*. — Ces *même* Romain qui se réjouisse de son malheur, il vouderait 205 les voirs apprendre par eux-*même* ce que vaut la vie d'un homme. — Jusqu'ici la fortune et la victoire *même*, cachait mes cheveu blanc sous trente diadême. — Les bonnes œuvres sont utile, et sont *même* nécessaire pour nous réconcilier avec Dieu. — Nous renderons 205 compte, non-seulement des parole nuisible au prochain, mais *même* oiseux. —L'air, le bois, le fer, le marbre et la glace *même* renferme du feu. — Nous n'avions plus d'espérance 198, et nous ne pouvions pas *même* dire un mot pour notre délivrance. — Les petit esprit font ordinairement mystère de tout, des moindre bagatelle *même*. — Le sage est ménager du temps, des parole *même*. — Les méchant vouderaient 205 pouvoir ôter au autre leur 214 bonne qualité, leur 214 vertu *même*. — Comme ces homme ne connaisse pas leur 214 malheur, il ne peuve s'en guérir ; il craigne *même* de le connaître. — Les conquérant *même* se déréglo 224 pendant ces temps de confusion 198. — Les bon rameur *même* ont des récompense. — Les juge *même* ne peuve le condamner sans preuves — Les princes, les rois *même* devinre jaloux des berger. — Les plus farouche animaux, les rocher *même* paraissait sensible a ma douleur. — L'expérience, la raison et la foi *même*, m'assure que la mort est incertaine. — On attaqua à l'improviste quelque soldat qui se trouvait sur la route ; quelques-uns *même* périre dans le combat.

237. Il y a, dans la véritable vertu, une candeur, une ingénuité qui *charment* tout les homme. — L'homme de bien est trop confiant ; sa candeur, son innocence le *rend* dupe des méchant. — Il ne faut au 197 grand ni effort, ni étude pour ce concilier les cœur : une seul parole, un sourire gracieux, un regard leur *suffit.* — L'homme ne doit pas compté sur la vie : une vapeur, un grain de sable *suffit.* pour la terminé. — A Athènes, une statue, une couronne de laurier, un éloge *étaient* une récompense immense pour un général qui revenai vainqueur. — Dans tout les âge de la vie, l'amour du travail, le goût de l'étude *procurent* les plus grand jouissance. — La douceur, l'affabilité *rendent* une personne aimable. — Une des principal beauté du caractère d'une femme, s'est cet retenue, cette réserve modeste qui la *rendent* respectable au yeux des homme. — L'hypocrite ne saurai feindre longtemps : un mot, un regard, un geste le *trahit.* — La douceur, la bonté de ce grand roi lui *attirent* mille louange de son peuple. — Que ma foi, mon amour, mon honneur y *consentent*! — Sa beauté, son enjouement, sa noble fierté s'*enfuyaient* devant lui. — La faute la plus légère, une pensée mêmes 236 *pouvaient.* le rendre coupable. — Sa piété, sa droiture lui *attiraient* le respect de tout ceux qui le connaissait. — Quand elle vit cet ville si célèbre, ou la paix, l'abondance *régnaient* autrefois, elle eut bien de la peine a retenir ces larmes. — Ce sacrifice, votre intérêt, votre honneur, Dieu l'*exigent.* — Ces deux homme avait le calme, le sang froid qui les *rendaient* capable de prévoir et de peser les conséquence de leur 214 action. — L'indécision, l'incertitude *conduit* toujours au 197 préjugé, a la surprise. — Dans quelque 228 position que nous nous trouvion, l'amour du travail, le goût de l'étude *est* un bien. — Une eau limpide, un clair ruisseau,

rendent fidèlement les objet qu'on lui présente.

238. La lumière, la voûte céleste, la verdure de la terre, le cristal des eau, tout *m'occupait*, *m'animait*, et me *donnait* un sentiment inexprimable de plaisir. — Le silence de la nuit, le calme de la mer, la lumière de la lune, tout *servait* a rendre se spectacle encore plus beau. — Grands et petits, officiers et soldats, quiconque *étaient* présents à la dernier maladie d'Alexandre, *baisa* la main de se prince. — Ces yeux fixe, son morne silence, tout *décèle* 225 le désespoir de son âme. — Les louange du calomniateur, ces geste, ces regard, tout chez lui *distillent* un noir venin. — Grand et riche, petit et pauvre, personne ne *peut* se soustraire à cette loi. — Richesse, honneur, puissance, tout *s'évanouit* a la mort. — Les convulsion de l'agonie, les affreux ravage de la mort, la crainte d'un danger presque inévitable, rien ne les *arrêtent*. — Sa figure, son air, le son de sa voix, tout en elle *inspire* la grace et la douceur de son caractère. — Historien, martyr, prophétie, dogme, tradition, tout *s'accorde*, se *suit*. — Discipline militaire, politique, gouvernement, loi, mœurs, rien *n'échappent* au profond observateur. — Jeu, conversation, spectacle, rien ne la *tirent* de la solitude. — Vieillard, femme, enfant, personne *n'échappent* au carnage. — Les reptile, les oiseau, les bête de la campagne, les animaux domestique, tout ce qui *respiraient* sur la terre et dans les air *périt* sans exception. — La culture des terre, la moisson, la nourriture des bestiaux, tout *plaît*. — La fortune des riche, la gloire des héros, la majesté des roi, tout *finit* par ci-gît. — Les trésor, les plaisir, les honneur, rien ne *satisfait* ni ne *remplit* le cœur humain. — Les créature insensible, le feu, la pluie, les vent, les tempête, tout *obéit* a la loi de Dieu, et *exécute* ses ordres.

239. L'histoire, ainsi que la physique, ne *commencent* à ce débrouiller que vers la fin du seizième siècles. — Le nourrisson du Pinde, ainsi que le guerrier, a tout l'or du Pérou, *préfère* 224 un beau laurier. — Le prince, aussi bien que le peuple, *demande* la paix. — Sa douceur, comme son savoir, lui *mérite* cet emploi. — L'enfer, comme le ciel, *prouve* un Dieu juste et bon. — Idoménée, avec Mentor, *conduisait* dans la campagne les roi allié, et *c'éloignait* des mur de la ville. — Votre vertu, ainsi que votre savoir, vous *fait* estimer de tout le monde. — Les princesse, aussi bien que le roi, *charmait* par leur 214 amabilité, tout ceux qui avait le bonheur de les approchers. — Mes sœur, non moins que mon frère, *aime* et *respecte* les auteur de leur 214 jour. — La mort, comme la naissance, *est* un mystère de la nature. — La fortune, de même que les dignité, *rend* communément les homme orgueilleux. — La vie humain, ainsi que les plus bel fleur, ne *dure* qu'un moment. — Le luxe, de même qu'un torrent, *renverse* et *entraîne* tout. — Ses deux écolier, comme leur condisciple, *s'acquitte* ponctuellement de tout leur 214 devoir. — La population du globe, ainsi que l'Océan, ce *déplace* dans le cours des siècle. — La raison, comme la religion, nous *revèle* 225 l'existence d'une autre vie. — Les richesse, comme le luxe, *engendre* la molesse. — La religion, ainsi que la raison, nous *recommande* de faire le bien et de fuir le mal. — La science, ainsi que l'esprit, *conduit* un artiste, mais ne le *forme* en aucun 233 genre. — Eux, aussi bien que toi, *donne* leur 214 superflu au pauvre. — L'éléphant, comme le castor, *aime* la société de ces semblable. — Hérophile, philosophe grec, ainsi que Descartes, *placait* 218 l'âme dans le centre du cerveau.

240. Calypso trouvai une noblesse, une gran-

deur d'âme *étonnant* dans ce jeune homme qui s'accusait lui-même. — On trouve dans les fable de La Fontaine une ingénuité, une naïveté *admirables*. — Les oiseau construise leur 214 nid avec un art, une adresse *admirables*. — Adraste menait autour de lui trente Dauniens d'une force où d'une audace *extraordinaires*. — Tout est arrangé dans le monde avec une prévoyance, une sagesse *infini*. — Que de gens jure entre eux une alliance, une union *inviolables*. — Toute sa vie ne fut qu'un travail, qu'une occupation *continuel*. — Ce général avait dans son armée un pouvoir, une autorité *absolu*. — Ses héros se distinguère par une valeur ou une vertu *extraordinaires*. — Le prince de Condé avait un courage, une intrépidité *étonnant*. — Il y a dans l'homme un penchant, une inclination *insurmontables* vers le plaisir. — Ce jeune héros a un maintien, une contenance *fière*. — Ses peuple ne ce nourrisse que de chair ou de poisson *crus*. — Tout le monde s'accorde à dire que votre sœur est d'une bonté, d'une douceur *angéliques*. — Les ennemi prire la ville d'assaut, et fire des habitant un massacre, un carnage *épouvantables*. — Il ne sort jamais de la bouche de se jeune homme un mot, une parole *agréables*. — Au bas de votre lettre, il se trouve une remarque, une observation *judicieuse*. — Ce maître inexorable jeta sur moi un coup d'œil, un regard *effroyables*. — Cet femme me fit une réplique, une répartie *pleines* de bon sens. — Le goût du jeu ne captive jamais qu'un esprit ou un cœur *vides*.

241. Je voit les *Richemont*, les *Lahire*, et tant d'autre brave, tous près 215 a mourir pour votre majesté. — Les deux *Corneille* se distinguère dans la république des lettre. — Les *Cicéron*, les *Homère*, les *Virgile*, les *Horace*, seront toujours rare. — S'est ainsi que se conduisire les plus grand capitaine, tels que les *Sci-*

pion, les *Turenne*, les *Condé*. — Ses deux prince fure les *Alexandre* du dix-huitième siècles. — Ils sont tout brave comme des *César*. — Tout les siècle n'enfante pas des *Bossuet*, des *Fénélon*, des *Massillon*, des *Bourdaloue*. — Les *Nicolaï*, les *Lamoignon*, les *Daguesseau*, illustrère la magistrature française. — Des philosophe tel que les *Bacon*, les *Newton*, les *Leibnitz*, passeroût toujours à la postérité. — Un coup d'œil de Louis enfantait des *Corneille*. — Duguay-Trouin peut-être eût été aussi aisément le rival des *Turenne* et des *Condé*, que celui des *Rhuyter* et des *Duquesne*. — Pour un Platon dans l'opulence, pour un Aristippe en crédit, combien d'*Homère* et d'*Esope* dans l'indigence! — Les *Boileau* et les *Gilbert* ont été les *Juvénal* de leur temps. — Le monde ce glorifie d'avoir eu des *Alexandre*, des *César* et des *Pompée*; mais il n'a eu qu'un Socrate. — Les mausolée et les tombeau des *Aristide* et des *Caton* ne sont plus; mais leur action se perpétue dans les écrit de Plutarque. — S'il est vrai que les art soit nuisible a la société, nous pouvons dire que Louis XIV imprima une tache a sa gloire en faisant naître des *Praxitèle*, des *Apelle* et des *Orphée*. — La satire a quelque chose d'extrêmement utile: mille gens, par son secours, ce corrige quelquefois d'un désordre que les trait enflammé des *Bourdaloue*, des *Massillon* et des *Bossuet* n'aurait peut-être qu'à demi-réformé. — Ce sont les *Molière*, les *Boileau*, les *Racine*, etc., qui portère, chez tout les nation, la gloire de notre langue. — On ne doit pas douter qu'il y ait eu dans l'antiquité la plus reculé des *Alexandre* et des *César* dont le temps a fait oublié les exploit. — Le même roi qui sut employer les *Condé*, les *Turenne* et les *Catinat* dans ces armée; les *Colbert* et les *Louvois* dans son cabinet; choisit les *Ra-*

cine et les *Boileau* pour écrire son histoire ; les *Bossuet* et les *Fénélon* pour instruire ces enfant ; les *Fléchier* et les *Massillon* pour l'instruire lui-même. — Ceux qui ont écrit l'histoire dans les temp moderne, n'était point des *Tacite*. — Rappelez-vous les *Charlemagne* et les *Saint-Louis*, qui unire à l'éclat de leur couronne, l'éclat immortel de la justice et de la piété. — La conduite des affaire demande de grand dessein, de grandes vue ; témoin les *Sully*, les *Richelieu* et les *Catinat*.

242. L'un et l'autre *possédait* au plus haut degré l'art d'excité les émotion les plus tendre et les plus vif. — Ni l'un ni l'autre ne *faisait* aucune 223 entreprise sans consulter leur parent. — La mort est aussi naturel que la vie : l'une et l'autre nous *arrive* sans que nous puissions nous en apercevoir. — L'un et l'autre *aime* la chasse avec passion. — Le Français tire son épée ; l'Espagnol s'arme de la sienne ; l'un l'autre s'*attaque*. — L'un et l'autre se *réunisse* contre l'ennemi commun. — L'un et l'autre *parle* avec une grand facilité. — Tout ceux qui connaisse ces deux homme, s'accorde à dire que ni l'un ni l'autre ne *possède* 224 assez d'argent pour acheter cet maison. — L'un et l'autre *aime* et *respecte* leur parent. — Ni l'un ni l'autre ne *connaisse* assez leur langue pour pouvoir la parler avec pureté. — Votre tante et votre sœur sont d'excellent personne : aussi l'une et l'autre *jouisse*-elle de l'estime public. — L'un et l'autre *conseillait* à mon père de faire lui-même l'éducation de ces enfants. — L'un et l'autre bientôt *voie* leur heure dernière. — La timidité exagère 224 les péril, le courage aveugle les déguisent, et souvent l'un et l'autre nous *mette* hors d'état d'en triompher. — Alexandre et César fure follement avide de gloire : quoique maître du monde, ni l'un ni l'autre ne *connure* le repos ni le bonheur.

— L'un et l'autre *voulûre* me frappé. — A force de repos, l'un et l'autre *devienne* incapable de travail. — Quel que 228 soit le génie d'Euripide et de Sophocle, ni l'un ni l'autre ne *doive* être mis en parallèle avec Corneille et Racine. — L'un et l'autre *sont* très-éloquent, mais il le sont d'une manière différent.

243. Jamais ni le souffle du midi, ni le rigoureux aquilon, n'*efface* les vif couleur qui orne ce jardin. — Ni l'or ni la grandeur ne nous *rende* heureux. — Ni la douceur ni la force ne *pure* l'ébranler. — Ni mon frère ni ma sœur ne *seront* de retour avant huit jour. — Ni mon père ni ma mère ne *veule* partir sans vous faire leurs adieux. — Ni la douceur, ni la force ne *peuve* rien. — Il n'y a ni rang ni fortune qui *puisse* racheter de basse inclination. — Ce ne sera ni Monsieur le duc, ni Monsieur le comte qui *sera* ambassadeur a Vienne. — L'homme vertueux est celui que ni l'appât des richesse ni la crainte de la mort ne *peuve* déterminer a commettre un action criminel. — Les inscription doive être simple, court et familière ; ni la pompe ni la multitude des parole n'y *vale* rien. — Ni le temps ni le malheur ne *doive* effacé de notre cœur le souvenir de votre ami. — Ni l'amour ni la haine ne nous *suive* dans le tombeau. — Ni la crainte ni l'espérance n'*empêche* les livre de me dire ce que je doit faire. — Quelque 228 habile que soient ces deux écrivain, je ne croit pas que ni le poëte ni l'historien *puisse* obtenir la place vacant à l'Académie français.

244. *Dussai*-je périr, rien ne me fera abandonné un ami malheureux. — *Trouvai*-je Boileau un écrivain médiocre, quand j'admire la justesse de ces pensées et la pureté de son style ? — *Puissai*-je demeuré sans voix, si jamais ma bouche altére 224 la vérité. — *Puissai*-je de mes yeux y

voir tomber la foudre ; voir ces maison en cendre, et tes laurier en poudre ! — Ne me *trompai*-je pas en vous nommant ma nièce ? Oui, Monsieur, je la suis. — A combien de faiblesse ne *donnai*-je point le nom de dignité, qui ne sont que de l'orgueil ? — Je suit si certain de la gloire qui doit rejaillir sur nous, que, *dussai*-je périr a notre arrivée en Sicile, je m'estimerai 207 heureux de vous y conduire. — *Puissai*-je goûter le plaisir de vous recevoir chez moi a votre retour ! — Pourquoi, par une honte ridicule, *aimai*-je mieux ignoré qu'apprendre ? — *Puisai*-je le revoir avant mon départ pour la campagne ! — Pourquoi ne lui *demandai*-je pas compte d'une conduite que tout le monde réprouve ? — Pourquoi *daignai*-je encore prêté l'oreille a ces astucieusx parole ? — Que ne *remontai*-je a la source de tant de chose merveilleux pour en connaître les vrai principe ! — Aussi *aimai*-je mieux souffrir les plus cruel tourment plutôt que de renier ma foi. — Pourquoi *éprouvai*-je si souvent le rigueur de la fortune ? — *Puissai*-je voir arrivé mon frère sain et sauf de l'armée !

245. La réflexion des rayon solaire dans les nuage forme les *arc-en-ciel*. — L'intérêt ou la malignité suggére 186 et 224 presque tout les *arrière-pensée*. — De bonne action et des étude agréable sont les plus doux *passe-temps*. — Dulot, assez mauvais poëte, est l'inventeur des *bout-rimé*. — Les belle exemple de Rossignol sont des *chef-d'œuvre* d'écriture. — Conduisé-vous avec la fortune comme avec les mauvaise paie : ne dédaignez pas les plus faible *à-compte*. — L'attrait de la vie domestique est un des meilleur *contre-poison* des mauvaise mœurs. — Quiconque vit avec des *petit-maître* et des *petite-maîtresse* connaît tout ce qu'il y a de futilité et de vanité dans l'esprit humain. — L'irréligion et le relâchement des loi sont les *avant-coureur* de la ruine

des état. — Nos premier *tête-à-tête* fure de court durée. — L'affliction et l'inquiétude sont de fâcheux *réveille-matin*. — Les *oiseau-mouche* sont les bijou de la nature. — Tout les histoire de *feu-follet* et des *loup-garou* n'ont de fondement que dans l'imagination des ignorant. — Les *belle-de-nuit* sont originaire du Mexique. — Les *pie-grièche* préférent 224 la chair aux insecte, dont elle se nourrisse communément. — Les *perce-oreille* sont de petit insecte très-commun dans les endroit humide. — Les *feu-follet* sont certain météore qui paraisse pendant les nuit d'été. — Les *chef-lieu* des département de la Loire-Inférieure et du Morbihan, sont Nantes et Vannes. — Chaque jour d'impitoyable *contre-maître* inventait de nouvelle torture contre ses malheureux. — Cet acteur est une des meilleure *basse-taille* de notre théâtre. — Je relit toujours, avec un nouveau plaisir, les *chef-d'œuvre* de nos grand maître. — Dans cette longue rue, presque toute les maison ont des *entre-sol*. — Les voleur qui pénétrère dans les appartement de mon père, ne pure en ouvrir les porte qu'avec des *passe-partout*. — Des *arc-boutant*, d'une hauteur prodigieux, soutienne ce bel édifice. — Nous mangerons à notre dîner des *chou-fleur* et des *chou-navet*. — Les *bec-figue* sont des oiseau qui, l'été, vive de fruit, et l'hiver d'insecte. — A leur air, on ne dirait pas que ces deux homme sont des *pince-sans-rire*. — Les *loup-garou* n'épouvante que les vielle femme. — On ne trouve guère les *chat-huant* que dans les bois. — Les demi-213 connaissance sont des *clair-de-lune* qui cache un précipice, et en éclaire un autre. — Dans les *chef-d'œuvre* de l'amour que peut-on comparé à la tendresse maternel ? — Platon abandonna les *beau-art* par attrait pour la philosophie. — Ce n'est que dans l'Océan Atlantique qu'on voit le spectacle de *poisson-volant.* — Les avare passe leur vie à compter les écu entassé dans leur *coffre-fort.* — Des *blanc-seing* sont une arme perfide dans les main d'un fripon. — Le temps ne ménage pas plus les monument des art, que les *chef-d'œuvre* de la nature. — Les coquette sont des paon en société, et des *pie-grièche* dans leur intérieur. — Qu'est-ce que la plupart des louange dans le style du monde? des *contre-vérité* couverte du voile de l'honnêteté. — Nos *arrière-neveu* nous imiterons 206, si nous faisons de bonne action. — Il y a en France quatre-vingt-six *chef-lieu* de préfecture. — La paresse et l'oisiveté sont les *avant-coureur* de la misère. — Nos actions sont comme des *bout-rimé* que chacun fait rapporter à ce qui lui plaît. — L'or est le plus sûr des *passe-partout.* — Les *poisson-volant* ne parcoure dans l'air que de court espaces.

246. Les *concerto* des Mozarts et des Viottis sont peut-être ce que la musique moderne a produit de plus beau. — Il y a souvent plus d'esprit dans un petit volume que dans de gros *in-folio.* — Les plus beau écrit des Italien sont plein de *concetti*, c'est-à-dire, de pensée sans justesse. — Quelque auteurs ont écrit l'histoire comme on fait des *opéra.* — Les *oratorio* sont des poème lyrique entièrement religieux. — Après la victoire, on chanta des *te-Deum* dans toute les église du royaume. — Les deux roi fire chanter des *te-Deum*, chacun dans son camp. — Mon ami joua plusieurs *solo* qui ravire tout ceux qui l'écoutait. — Mon confesseur me donna cinq *pater* et cinq *ave* à dire tout les matin pour ma pénitence. — Quinault a composer un grand nombre d'*opéra.* — On ne cessa pendant un quart-d'heure de donner des *bravo* à l'artiste qui venai d'exécuter un des plus beau morceau de Rossini. — Mon frère ne peut écrire de lettre sans y ajouter de *post-scriptum.* — Les

alleluia ce chante à l'église pendant une grande partie de l'année. — Les deux premier *numéro* qu'on retira du vase, fure les *numéro* trois et cinq. — Ma sœur, dans les lettre qu'elle m'écrit, n'observe presque jamais les *alinéa*. — Les œuvre de cet auteur remplirait au moins quatre *in-folio*. — On ne cessa de répéter des *bravo*, pendant plus de dix minute. — Ce compositeur a donné au public, dans l'espace de trois ans, quinze *quatuor* et vingt *trio*. — On chanta des *te-Deum* dans toute les église de France. — Voilà un recueil de *fac-simile* des signature des homme les plus illustre de France.

247. L'autorité que les passions usurpe est la source de cet multitude d'erreur qui *inonde* la société. — La totalité des homme ne *juge* de la conduite des autre que par le succès. — Le plus grand nombre des poète *manque* de ces expression heureuse qui font le mérite des Homères 241, des Virgiles 241, des Corneilles 241, des Racines 241. — Les méchant serve à éprouvé un petit nombre de juste qui se *trouve* sur la terre. — On voit dans les cercle un petit nombre d'homme et de femme qui *pense* pour tout les autre, et par qui tout les autre parle et agisse. — Persart vit dans la Nouvelle-Hollande une troupe de nègre qui *marchait* sur les main comme sur les pied. — Des nation barbare sortire du Nord et formère, des débris de l'empire romain, un grand nombre d'état qui *subsiste* aujourd'hui. — Qu'un peuple de tyran qui *veulè* nous enchaîner, par cet exemple, un jour, *apprenne* à pardonner. — Nous somme si vain, que l'estime d'un petit nombre de personne qui nous *entoure* nous suffit. — Il n'y a guère qu'un petit nombre de connaisseur qui *discerne*, et qui *soit* en état de prononcer. — Une multitude d'animaux *répande* l'enchantement et la vie. — D'adorateur zélé, a peine un petit nombre, *ose* des premier temps

nous retracer quelque ombre. — Sous le règne de cet empereur, la totalité des sénateur *abandonne* la ville. — La moitié de mes amis *arrive* de la campagne. — Une foule de monde *est* inquiet sur votre sort. — Une infinité de personne *save* se qui se passe a la ville. — Une grande quantité de peuple *était* présent a se spectacle. — La foule des voiture *retarde* notre marche. — La multitude des chevaux qu'il y a dans Paris *rend* le foin fort cher. — La troupe des soldats *entre* dans ce moment-ci dans la ville. — Là, une foule de sensation amère *vienne* attrister mon ame et comprimer mon cœur. — Nous naissons environnés d'un nuage d'erreur qui s'*augmente* par les faux préjugé d'une mauvais éducation. — Nous trouvons que la somme des souffrance *surpasse* celle des plaisirs.

248. Bien des personne *peuve* faire une action sage, mais il en est bien peu qui *soit* susceptible de faire une action généreux. — Beaucoup de personne *voudrait* savoir ; mais peu *désire* apprendre. — Peu de personne *réflechisse* que le temps, comme l'argent, peut se perdre par une avarice hors de propos. — La plupart des orateur nous *donne* en longueur ce qui leur manque en profondeur. — Le cœur est rarement d'accord avec l'esprit; ce qui fait que la plupart des homme *pense* bien et *vive* mal. — Peu de personne *raisonne*, mais la plupart *embrasse* leur opinion par la pente de leur cœur. — La plupart des homme *flotte* sans cesse entre des crainte ridicule et de fausse espérance. — La plupart des désordre de l'économie animale *vienne* du déréglement des passion. — Tant d'année d'habitude *était* des chaîne de fer, qui me *liait* a ses homme pervers. — Le peu d'ami qui lui *restait*, *devinre* bientôt ces ennemi. — Les femme ne sont pas toute vindicatif ; la plupart *save* pardonner. — La plupart des homme *ai-*

me les plaisir et les divertissement. — La plupart ne se *souvienne* pas des pauvre qui manque de toute chose. — La plupart ne s'*applique* qu'à des chose frivole. — Assez de gens *méprise* le bien, mais peu *save* le donner. — — La multitude d'homme qui environne 247 les prince, est cause qu'il y en a peu qui *fasse* une impression profond sur eux.

Nota. J'engage le maître à ne pas faire passer ses élèves aux participes, avant qu'ils aient acquis une connaissance parfaite de toutes les règles de la syntaxe. Je l'engage également à ne pas leur faire perdre de vue toutes ces règles, sans quoi ils les auraient bientôt oubliées. Pour cela, je lui conseille de leur donner alternativement des devoirs sur la syntaxe et sur les participes.

EXERCICES

SUR

LES PARTICIPES.

OBSERVATION. Tous les participes sont en lettres capitales ou en lettres italiques. Ceux en lettres capitales, appartiennent à la règle même où ils se trouvent ; et ceux en lettres italiques, dépendent des règles précédentes. Les chiffres indiquent les règles auxquelles on doit recourir.

249. Cét écrit étincelle de mille beautés qui le feront passer à la postérité la plus RECULÉ. — Il y a des sottises bien HABILLÉ, comme il y a des sots bien VÊTU. — On pourrait appeler la politesse une bonté ASSAISONNÉ : c'est la bonne grâce AJOUTÉ au bon cœur. — Les belles actions CACHÉ sont les plus estimables. — Le corps le plus subtil est comme un monde où des millions de parties se trouvent RÉUNI et ARRANGÉ dans l'ordre le plus admirable. — Les récompenses ACCORDÉ au mérite ne doivent jamais être le prix de l'intrigue. — Le travail et le courage, JOINT ensemble, et long-temps SOUTENU, font surmonter tous les obstacles. — Et de là quel déluge de maux dans le peuple ! les places OCCUPÉ par des hommes CORROMPU ; les passions toujours PUNI par le mépris, DEVENU la voie des honneurs et de la gloire ; l'autorité ETABLI pour maintenir l'ordre et la pudeur des lois, MÉRITÉ par les excès qui les violent ; les mœurs CORROMPU dans leur source ; les astres qui devaient marquer nos routes, CHANGÉ en des feux qui nous égarent ; le

désordre DÉBARRASSÉ de la gêne même des ménagements ; la modération dans le vice DEVENU presque aussi ridicule que la vertu. — Qu'elle est belle cette nature CULTIVÉ ! Que, par les soins de l'homme, elle est pompeusement PARÉ ! Il met au jour, par son art, tout ce qu'elle recélait dans son sein. Que de trésors IGNORÉ, que de richesses nouvelles ! Les fleurs, les fruits, les grains PERFECTIONNÉ, MULTIPLIÉ à l'infini, les espèces utiles d'animaux TRANSPORTÉ, PROPAGÉ, AUGMENTÉ sans nombre ; les espèces nuisibles RÉDUIT, CONFINÉ, RÉLEGUÉ ; les torrents CONTENU, les fleuves DIRIGÉ, RESSERRÉ ; la mer SOUMIS, RECONNU, TRAVERSÉ d'un hémisphère à l'autre ; les collines CHARGÉ de vignes et de fruits, leurs sommets COURONNÉ d'arbres utiles ; des routes OUVERT et FRÉQUENTÉ, des communications ÉTABLI partout, comme autant de témoins de la force et de l'union de la société.

250. La vertu timide EST souvent OPPRIMÉ. — Les hommes passent, comme les fleurs, qui, *épanoui* 249 le matin, le soir SONT FLÉTRI et FOULÉ aux pieds. — Nous oublions aisément nos fautes, lorsqu'elles ne SONT SU que de nous. — Lorsque l'âme EST AGITÉ, la face humaine devient un tableau où les passions SONT RENDU avec autant de délicatesse que d'énergie ; où tous les mouvements de l'âme SONT EXPRIMÉ par un trait, et où chaque action EST DÉSIGNÉ par un caractère vif et profond. — Nous SOMMES assez VENGÉ, quand celui par qui nous AVONS ÉTÉ OFFENSÉ (1) EST PERSUADÉ du pouvoir que son offense nous donne. — C'est là que la faim EST RASSASIÉ, que la nudité EST REVÊTU, que l'infirmité EST GUÉRI, que l'affliction EST CONSOLÉ, que l'igno-

(1) *Remarque. Été*, participe passé du verbe *être*, est toujours invariable ; c'est-à-dire, qu'il n'a ni féminin ni pluriel.

rance EST INSTRUIT, et que chaque espèce de misère de l'âme ou du corps trouve une espèce de miséricorde qui la soulage. — Sa tête EST APPUYÉ sur sa main ; ses regards SONT ATTACHÉ à la terre. On ne sait si elle pleure ; mais ses prunelles SONT MOUILLÉ, et des perles liquides nagent dans ses yeux. — Les moindres fautes y SONT sévèrement PUNI, la seule pensée du crime y EST REGARDÉ avec autant d'horreur que le crime même ; les passions n'y SONT PRÉSENTÉ aux yeux que pour montrer tout le désordre dont elles sont cause ; et le vice y EST PEINT partout avec des couleurs qui en font connaître et haïr la difformité. — Là donc nous SONT PRÉSENTÉ les profondeurs incompréhensibles de l'être divin, et la grandeur ineffable de son unité. Là, SONT EXPLIQUÉ les mystères qui ÉTAIENT ENVELOPPÉ et comme SCELLÉ dans les anciennes écritures. — Nous SOMMES ALLÉ voir un de nos amis qui est malade depuis long-temps. — Il y a dans cette ville des hôpitaux qui SONT DESTINÉ à recevoir les gens qui ONT ÉTÉ TUÉ, et l'on assure que ces établissements sont toujours pleins.

251. Il y a long-temps, Monsieur, que je jouis de la sincérité et de la constance de votre amitié. Sur cela, les années finissent comme elles ONT COMMENCÉ, et commencent comme elles ONT FINI. — Cette femme A RÉPONDU à ma lettre au sujet de la mort de son frère. — Ma sœur A ÉCRIT à son amie qu'elle partira sous huit jours pour la campagne. — On A ÉCRIT à ma mère ; mais elle n'A pas encore RÉPONDU. — Ma tante A tant SOUFFERT depuis six semaines, qu'elle aura bien de la peine à se rétablir avant la fin de l'année. — J'AVAIS RECOMMANDÉ de ne pas laisser sortir mon fils sur la rue, cependant personne n'a pris soin de lui pendant mon absence. — Nous AVONS OUBLIÉ de vous dire que votre sœur *est tombé* 250 dangereusement malade, et que le mé-

decin désespère de pouvoir la guérir. — Ma nièce A RÉPONDU qu'elle ne pouvait accepter les offres qu'on lui faisait, parce qu'elle ne les trouvait pas assez raisonnables. — Nous AURIONS PERDU, si nous EUSSIONS JOUÉ. — J'AVAIS ORDONNÉ de les recevoir avec tous les égards qui *sont du* 250 à ses talents et à ses vertus. — J'AI DEMANDÉ si on pourrait partir demain pour la campagne, quelque temps qu'il fît. — Nous AVONS SUPPLIÉ de ne pas les condamner, avant de les entendre. — J'AI OFFERT de leur procurer un guide qui pourrait les conduire sûrement à leur destination. — Nous AVONS OUBLIÉ de vous donner les renseignements qui vous étaient nécessaires pour l'acquisition que vous venez de faire. — Nous AVONS RÉPONDU que nous le remerciions beaucoup des services qu'il nous rendait, et que nous en conserverions un éternel souvenir.

252. Les jeunes gens doivent faire en sorte que les études qu'ils ONT FAIT, et les instructions qu'ils ONT REÇU, se répandent sur leurs mœurs. — L'expérience est une école où les leçons coûtent cher; heureux celui qui les A PRATIQUÉ ou qui les pratique! — Quand nous *avons été trompé* 250 par un ami, nous ne devons que de l'indifférence aux marques extérieures de son amitié; mais nous devons toujours être sensibles aux malheurs qu'il éprouve ou qu'il A ÉPROUVÉ. — La vraie philosophie, celle que j'AI ADOPTÉ, n'est pas conforme à la philosophie des Platon et des Aristote. — Les peuples eux-mêmes qui *ont été regardé* 250 comme sauvages, ONT ADMIRÉ et ESTIMÉ les hommes justes. — Vous voyez des malheureux que j'AI REÇU chez moi; ils ne savaient de qui implorer la pitié; je les AI RECUEILLI et SECOURU avec les meilleures intentions. — Que de gens, même lettrés, pèchent contre la règle des participes, parce qu'ils ne l'ONT jamais CONNU ni ÉTUDIÉ! la grammaire que j'AI DONNÉ au public leur facilitera l'intelligence de

cette même règle. — Lisez souvent, mon ami, les bons ouvrages qui vous *ont été procuré* 250 par mon frère ; je sais que vous les AVEZ seulement PARCOURU, ce qui ne suffisait pas. — La vraie philosophie tend à former l'esprit et le cœur, ceux qui l'ONT ÉTUDIÉ avec le désir de devenir meilleurs, ONT TROUVÉ des charmes réels dans l'étude qu'elle exige. — Ce jeune homme n'A pas REMPLI les devoirs qu'on lui AVAIT PRESCRIT. — On avoue les torts qu'on A EU (1), et l'on nie ceux qu'on a ; de même on raconte les maux qu'on A SOUFFERT, et l'on cache ceux que l'on souffre. — Vous ignorez les règles qui vous *ont été enseigné* 250 par vos maîtres, parce que vous n'AVEZ pas ÉCOUTÉ l'explication qu'ils vous ONT DONNÉ. — Vous n'AVEZ pas LU, mes amis, la grammaire que vous AVEZ ACHETÉ ; cependant je ne vous AI CONSEILLÉ d'en faire l'acquisition, que pour vous mettre à portée de faire une excellente provision de connaissances grammaticales. — Allons retrouver mes filles que j'AI LAISSÉ dans leur appartement, où elles *sont occupé* 250 à peindre ou à broder. — Il est beaucoup de fautes grammaticales que les auteurs les plus célèbres ONT LAISSÉ dans leurs écrits. — Les prix que ce jeune homme A OBTENU ONT FLATTÉ son amour-propre. — Qui peut ignorer qu'il est doux et glorieux de secourir l'innocence et la vertu qu'on A injustement OPPRIMÉ ? — L'histoire qui nous *a été lu* 250 n'est pas du tout vraisemblable ; son auteur l'A REMPLI d'incidents et d'anecdotes auxquels on ne saurait ajouter foi. — Parmi les pièces nouvelles qui *ont été donné* 250 à ce théâtre, nous AVONS DISTINGUÉ avec plaisir la tragédie qu'on A REPRÉSENTÉ ce soir. — Je vous donnerai les ouvrages que votre père A COMPOSÉ dans

(1) *Remarque. Eu* est le participe passé du verbe auxiliaire *avoir* ; cependant, il suit la même règle que les participes passés des verbes actifs.

ses moments de loisir ; quand vous les AUREZ LU, vous me les remettrez.

253. Par ordre du général, dont la sagesse a tout prévu, des cavaliers SE SONT RÉPANDU dans la campagne. — Ils se jetèrent avec beaucoup de courage, l'épée à la main, dans le corps-de-garde où les Espagnols S'ÉTAIENT RETRANCHÉ. — Les Étoliens S'ÉTAIENT IMAGINÉ qu'ils domineraient dans la Grèce. — Que d'éloges ne *sont* pas *dû* 250 aux personnes qui SE SONT toujours IMPOSÉ l'obligation bien douce de protéger le mérite indigent ! — Nous NOUS SOMMES RENDU maîtres de la ville. — Les poètes SE SONT PERSUADÉ faussement que des fictions aussi absurdes que celles-là pourront plaire à des hommes raisonnables. — On ne sait pour quelle raison cette femme S'EST DONNÉ la mort. — Cette femme S'EST CASSÉ l'épaule ; les douleurs qu'elle *a souffert* 252, ne peuvent se concevoir. — Ces deux jeunes gens SE SONT PROPOSÉ pour remplir la place que vos amis *ont perdu* 252 par leur négligence. — Une jeune personne S'EST PRÉCIPITÉ avant-hier d'un bateau de blanchisseuses dans la rivière. — Cette jeune fille S'EST CREVÉ les yeux ; on l'*a reporté* 252 chez elle pour lui administrer les secours qu'exige sa position. — Vos jeunes frères SE SONT PROPOSÉ pour modèles ; mais je pense qu'on trouverait trop à blâmer en eux, pour qu'on dût les prendre pour guides. — Ces marchands SE SONT FAIT une mauvaise réputation. — Les successeurs d'Alexandre SE SONT PARTAGÉ les dépouilles que ce prince ambitieux *a remporté* 252 sur le grand nombre de peuples qu'il *a vaincu* 252. — Le sénat et le peuple S'ÉTAIENT SACRIFIÉ mutuellement leurs magistrats. — Cette nation voisine de Rome, et jalouse de son agrandissement, S'Y ÉTAIT toujours OPPOSÉ avec beaucoup de courage ; mais la guerre ne lui avait pas été heureuse. — Outre les sénateurs dont nous venons de parler, il y avait un grand nombre de chevaliers qui

S'ÉTAIENT ENGAGÉ dans la même conspiration. — Les pénitences que SE SONT IMPOSÉ les solitaires de la Thébaïde, étaient extrêmement rigoureuses. — Les lettres qu'ils SE SONT ADRESSÉ, *sont rempli* 250 d'invectives. — C'est la peine que S'EST DONNÉ un auteur qui fait que ses écrits *sont lu* 250 avec plaisir. — Racine et Boileau SE SONT DONNÉ des preuves de l'estime la plus sincère. — Ailleurs, les eaux SE SONT PRATIQUÉ des cours souterrains, où coulent des ruisseaux pendant une partie de l'année. — Quelles leçons nous *aurions perdu* 252, si Cicéron et Fénélon ne S'ÉTAIENT pas LIVRÉ à l'étude de la sagesse. — Quelques-uns de nos auteurs SE SONT IMAGINÉ qu'ils surpassaient les anciens. — Saturne eut trois fils, qui SE SONT PARTAGÉ le domaine de l'univers. — La reine S'EST SAUVÉ de ces défauts, Messieurs ; et nous avons vu dans sa conduite, une dévotion solide et selon les règles. — La reine S'EST TROUVÉ en danger de succomber ; mais, rappelant sa vertu, elle S'EST REPROCHÉ sa faiblesse. — Jamais vierge chrétienne ne S'EST DONNÉ tant d'engagements à la piété, et ne S'EST ACQUITTÉ si fidèlement de tous ses devoirs. — Ces deux généraux se séparèrent ensuite, après S'ÊTRE DONNÉ réciproquement des marques extérieures d'estime et d'amitié. — Sylla se faisait un plaisir de répandre à pleines mains les trésors de la république sur ceux qui S'ÉTAIENT ATTACHÉ à sa fortune. — La nouvelle de cette défaite se répandit bientôt dans toute l'Italie. Les Romains qui S'ÉTAIENT REFUGIÉ à Véies, et tous ceux qui S'ÉTAIENT DISPERSÉ dans les villages voisins, s'assemblèrent. — C'était une république, et comme une communauté *formé* 249 de plusieurs petites villes qui S'ÉTAIENT UNI par une ligue. Cette nation, voisine de Rome, et jalouse de son agrandissement, S'Y ÉTAIT toujours OPPOSÉ avec beaucoup de courage.

254. Les mauvaises nouvelles SE SONT toujours

RÉPANDU plus promptement que les bonnes. — Que de gens SE SONT REPENTI de ne *s'être* pas *appliqué* 253 pendant leur jeunesse ! — C'est des débris de l'empire romain que SE SONT FORMÉ la plupart des états de l'Europe. — Suzanne s'EST TROUVÉ innocente du crime dont elle *était accusé* 250. — Que de raisons SE SONT OPPOSÉ à la formation des deux établissements fort utiles que j'*avais projeté* 252. — J'aurai occasion de faire remarquer les changements qui SE SONT OPÉRÉ depuis peu d'années. — Que de jeunes gens SE SONT REPENTI de n'*avoir* pas *écouté* 252 les bons conseils que nous leur donnions. — On conviendra que les communications entre les individus *fait* pour se rapprocher, SE SONT un peu RÉTABLI. — L'Egypte, le berceau des sciences, les *avait* à peu près *perdu* 252, faute de ce grand moyen conservateur et propagateur : la presse de l'imprimerie. Dans les derniers jours du dix-huitième siècle, une imprimerie S'EST ÉTABLI au Caire. Qui donc l'y *a porté* 252 ? La nation française. — L'attente tient tous les esprits en suspens, et une patience farouche S'EST EMPARÉ de tous les cœurs. — Les ténèbres qui m'enveloppaient SE SONT DISSIPÉ depuis que je vois luire l'espérance de retrouver ma mère. — Les bruits qui SE SONT RÉPANDU depuis quelques jours, et qui *se sont succédé* 253 si promptement, ne méritaient aucune confiance. — J'*ai cherché* 252 dans la religion les consolations qui m'étaient si nécessaires, et mes peines SE SONT ADOUCI de suite. — Leur douceur et leur sensibilité ne SE SONT encore MANIFESTÉ ni envers leurs subalternes, ni envers les pauvres. — On dit que quelques signes de révolte SE SONT MANIFESTÉ chez nos voisins d'outre-mer.

255. Voilà les vices que j'ai RÉSOLU D'ÉVITER. — Les vengeances que j'ai VU EXERCER envers ces misérables colons, *ont jeté* 252 l'épouvante dans mon

âme. — La fable que j'ai ENTENDU LIRE, n'*a* pas *obtenu* 252 les suffrages des hommes de lettres qui se trouvaient dans notre assemblée ; tous l'*ont jugé* 252 trop longue et trop peu morale. — Tels sont les principaux traits que j'ai CRU APERCEVOIR dans cet ouvrage, où les caractères font honneur à celui qui les *a tracés* 252. — Les grands hommes que cette ville a VU NAITRE, méritent une place *distingué* 249 dans les annales de l'histoire. — Caton, étant déjà vieux, étudia la langue grecque qu'il avait NÉGLIGÉ D'APPRENDRE, par mépris pour tout ce qui n'était pas romain. — Pourquoi n'*avez* vous pas *accompagné* 252 vos parents que j'ai VU SORTIR seuls, et qui comptaient sur vous ? — Nous *avons lu* 252 les beaux plaidoyers que nous avions ENTENDU PRONONCER, et nous les *avons admiré* 252 avec plaisir. — Les ariettes que nous avons ENTENDU CHANTER, ont été du goût de tout le monde. J'approuve la résolution sincère qu'il a FORMÉ DE TRAVAILLER plus fortement encore, pour obtenir de nouveaux triomphes. — Les terres que j'ai VU LABOURER, produiront une ample moisson. — L'heure que j'ai ENTENDU SONNER, annonce le moment du départ deces braves guerriers qui vont repousser l'ennemi de nos frontières. — Je ne révèle pas même ici tant de grandes actions qu'elle a TACHÉ DE RENDRE secrètes. — Ne faites rien qui ne soit digne de ces grands exemples que j'ai TACHÉ DE VOUS INSPIRER. — La pluie que nous avons ENTENDU TOMBER fertilisera les jardins et les prairies que j'*ai acheté* 252 depuis peu. — Les orateurs que j'ai ENTENDU PARLER ce matin, *étaient doué* 250 d'un organe assez agréable. — Les ouvrages que j'ai COMMENCÉ D'ÉCRIRE ne pourront *être achevé* 250 avant la fin de l'année. — Les arbres que nous avons VU PLANTER, *ont fait* 252 de très-grands progrès en peu de temps. — Seigneur, lui dit-il, je viens te confirmer des prodiges que tu n'as pas VOULU CROIRE, et qui en effet sont incroyables. — Le comte vous *a* dejà *donné* 252 une gratification que vous n'auriez OSÉ ESPÉRER qu'après de longs services. — J'avais deux fils, ma plus belle espérance, je les ai VU MOURIR à mes côtés. — Les magnifiques monuments que l'antiquité a VU ÉRIGER, subsistent encore, pour la plupart. — Cent ans d'oisiveté ne valent pas une heure qu'on a SU bien EMPLOYER. — Tel est l'attachement naturel des hommes pour le sol qui les a VU NAITRE.

256. Les passions que vous AVEZ LAISSÉ FOMENTER finissent par vous subjuguer. — Nous sommes trop heureux, vous, de m'*avoir procuré* 252 l'occasion de faire du bien, et moi de ne l'AVOIR pas LAISSÉ ÉCHAPPER. — Quand Jugurtha *eut enfermé* 252 une armée romaine, et qu'il l'EUT LAISSÉ ALLER sous la foi d'un traité, on se servit contre lui des troupes mêmes qu'il *avait sauvé* 252. — Cette illustre princesse ne s'EST point LAISSÉ ALLER aux injustices, comme tant de rois qu'on *avait vu* 252 avant elle. — Ces rois *avaient été condammé* 250 aux peines du Tartare pour s'ÊTRE LAISSÉ GOUVERNER par des hommes méchants et artificieux. Ils étaient punis pour les maux qu'ils AVAIENT LAISSÉ FAIRE par leur autorité. —Appius et ses satellites *ont reculé* 252 les bornes de leur autorité ; ils SE SONT LAISSÉ ALLER à la fougue de leurs passions, ou pour mieux dire, ils SE SONT LAISSÉ ENTRAINER dans tous les désordres. — Racine, Fénélon, Massillon, et ceux qui comme eux, *ont goûté* 252 cette mollesse heureuse des anciens, l'ONT LAISSÉ ENTRER dans leurs compositions. — Que de jeunes gens SE SONT LAISSÉ ÉGARER. — Cette maison que j'AI LAISSÉ BATIR trop près de la mienne, m'incommode beaucoup. — Ces femmes que vous AVEZ LAISSÉ ENTRER, n'*auraient* pas *dû* 251 *être admis* 250 dans notre société.—Je traversai la ville, *vêtu* 249 comme à présent, le visage *ombragé* 249 d'une barbe épaisse que j'AVAIS LAISSÉ CROITRE. — Ces lois

étaient bonnes sans doute ; je vous le demande, pourquoi les A-T-ON LAISSÉ TOMBER dans un éternel oubli ?—Ces enfants SE SONT LAISSÉ DÉSHABILLER ; on leur *a pris* 252 tout ce qu'ils possédaient. — Les livres que J'AI LAISSÉ EMPORTER, m'auraient été fort utiles au sein des disgraces que j'*ai éprouvé* 252. — J'avais de fort beaux oiseaux qu'on m'*avait donné* 252 ; mais, les AYANT LAISSÉ PÉRIR, j'*ai fait* 252 serment de n'en plus avoir.

257. Vous ignorez les règles que je vous *ai enseigné* 252, parce que vous n'*avez* pas *jugé* 251 à propos d'écouter l'explication que j'EN AI DONNÉ. — Ce philosophe laissa, dit-on, à ses héritiers, beaucoup plus de biens qu'il N'EN AVAIT HÉRITÉ de son père. — Comme on s'étonnait devant Caton de ce qu'il n'*avait* pas encore *obtenu* 252 de statue : j'aime mieux, dit-il, entendre demander pourquoi il ne m'EN A pas ÉTÉ ACCORDÉ, que de voir des gens *surpris* 249 de ce que j'EN AIE EU. — Les auteurs ne sont pas rares aujourd'hui, l'éloge EN A beaucoup TUÉ cette année. — Pourquoi verserais-je de nouveaux pleurs ? je n'EN AI déjà que trop RÉPANDU. — Il a des troupes, et il EN A DEMANDÉ aux autres peuples de la Grèce. — Nous les EN AVONS INFORMÉ, et ils nous EN ONT REMERCIÉ. — L'opinion que j'EN AVAIS CONÇU lui était très-avantageuse. — Rendez grâce au ciel qui nous EN A VENGÉ. — Vous m'*avez demandé* 252 des livres, je vous EN AI DONNÉ. — Vous m'*avez promis* 252 des récompenses, et vous ne m'EN AVEZ pas DONNÉ une seule. — Tout le monde m'*a offert* 252 des services, et personne ne m'EN A RENDU. — Louis XIV *a* lui seul *fait* 252 plus d'exploits que les autres n'EN ONT LU. — Ce ne sont pas les victoires toutes seules de David qui le rendirent le modèle des rois ses successeurs : Saül EN AVAIT REMPORTÉ comme lui sur les Philistins et sur les Amalécites. — Les éditions de Télémaque furent innombrables: j'EN AI VU quatorze

en langue anglaise. — Baléazar *est aimé* 250 des peuples ; il possède plus de trésors que son père N'EN AVAIT AMASSÉ par son avarice. — Cassius ne cherchait dans la perte de César que la vengeance de quelques injures qu'il EN AVAIT REÇU ; et il se dévoua moins pour l'intérêt public que pour satisfaire sa passion particulière. — Il a fait plus d'exploits que d'autres N'EN ONT LU. — Quant à la fertilité de l'île, *nous* ne *nous sommes* pas *trompé* 253 dans l'espérance que nous EN AVIONS CONÇU. — Les écrivains *se sont plu* 254 à combler Louis XIV de louanges pompeuses ; on les EN A quelquefois BLAMÉ ; mais Horace et Virgile EN ONT PRODIGUÉ bien plus à Auguste. — Alexandre *a détruit* 252 plus de villes qu'il N'EN A FONDÉ. — Les enfants qu'on a *habitué* 255 *à craindre* les ténèbres, *se sont* rarement *guéri* 253 de la peur qu'on leur EN A FAIT. — L'usage des cloches est, chez les Chinois, de la plus haute antiquité ; nous N'EN AVONS EU en France qu'au sixième siècle de notre ère. — Les vengeances particulières firent alors périr beaucoup plus de citoyens que les triumvirs N'EN AVAIENT CONDAMNÉ. — Nous *avons arraché* 252 plus de secrets à la nature dans l'espace de cent années, que le genre humain N'EN AVAIT DÉCOUVERT depuis le commencement des siècles. — Le succès de cette entreprise ne produisit pas les avantages qu'on EN AVAIT ESPÉRÉ.

258. Cette jeune demoiselle n'*est* pas aussi *instruit* 250 que nous L'AVIONS PENSÉ. — Votre sœur n'est pas aussi savante que je L'AURAIS IMAGINÉ. — Cette lettre est plus odieuse que je L'AVAIS CRU d'abord. — L'affaire fut moins sérieuse que je ne L'AVAIS PENSÉ. — Cette perfidie *a eu* 251 lieu comme je L'AVAIS SUPPOSÉ. — Cette élection fut telle que les factieux L'AVAIENT RÉSOLU ; ils virent s'éloigner les bons citoyens qu'ils *avaient intimidé* 252. — Cette armée ne parut pas d'abord aussi nombreuse, aussi considérable, qu'on L'AVAIT ANNONCÉ. — Si

5

je vous *ai remis* 252 des sommes d'argent entre les mains, je L'AI FAIT pour que vous vous en servissiez toutes les fois que vous en auriez besoin. -- Ces magistrats *ont donné* 252 leur démission, comme nous L'AVONS ANNONCÉ : ils *n'ont* pas *voulu* 255 *garder* plus long-temps la place que leur *avait confié* 252 le gouvernement. --- Cette femme n'est pas aussi acariâtre que vous L'AVEZ CRU ; elle a de la douceur dans le caractère, ce qui me persuade que vous l'*avez* mal *jugé* 252. --- Votre maison n'est pas aussi commode que je L'AVAIS CRU ; je n'y vois aucune armoire où l'on puisse placer des livres ou des habits. --- L'affaire n'alla pas comme ma sœur L'AVAIT ESPÉRÉ, L'AVAIT PRÉTENDU. --- Comme l'affaire paraissait plus grave qu'on ne L'AVAIT CRU d'abord, les consuls résolurent de commencer la guerre. ---Notre traversée fut aussi heureuse que nous L'AVIONS PRÉSUMÉ. --- Sa vertu était aussi pure qu'on L'AVAIT CRU jusqu'alors. --- Nous ne tardâmes pas à comprendre que la menace des ennemis était plus sérieuse que nous ne L'AVIONS PENSÉ. --- Triomphez, hommes lâches et cruels : votre victoire sera moins durable que vous vous L'ÉTIEZ IMAGINÉ. --- Lorsqu'il nous eut fait comprendre que la chose était plus sérieuse que nous ne L'AVIONS PENSÉ d'abord, nous nous jetâmes tous à ses pieds, et le priâmes d'avoir pitié de notre jeunesse. --- Comme l'affaire paraissait plus sérieuse qu'on ne L'AVAIT CRU d'abord, les consuls eurent ordre de se mettre en campagne.

259. Ne pas écrire correctement, c'est dévoiler le PEU déducation qu'on A REÇU. --- Déjotanus gagne le port de Phasète, petite ville où il n'y a point à craindre le PEU d'habitants que la guerre y A LAISSÉ. --- C'est le PEU de peine que cela vous A FAIT, qui nous porte à croire que vous avez un mauvais cœur. ---Les Numentins, qui *furent instruit* 250 du PEU de précautions qu'il AVAIT PRIS, le poursuivirent à propos. --- D'où viennent souvent les difficultés, si ce n'est du PEU d'attention qu'on y A DONNÉ. --- Il

ne vous parlera point, par modestie, du PEU de capacité qu'il A ACQUIS dans les armées. --- Il ne laissa pas de lui reprocher le PEU de confiance qu'il AVAIT EU en lui. --- Je dois blâmer le PEU d'attention que vous AVEZ APPORTÉ dans la composition de vos devoirs. --- Le PEU de femmes que j'AI VU dans ce pays, étaient fort agréables. --- Les déportements de ce jeune homme sont le résultat du PEU de soumission qu'il A toujours MANIFESTÉ envers ses parents. --- Le PEU d'ouvrages que cet écrivain A COMPOSÉ, obtiendront les suffrages de nos descendants. --- Les mécomptes proviennent du PEU d'attention que nous AVONS APPORTÉ à écrire les dépenses domestiques. --- Cette tragédie ne pouvait faire honneur à celui qui l'*a donné* 252 au public. Le PEU d'applaudissements que l'auteur A REÇU, le dégoûteront entièrement du théâtre. --- Le PEU que nous AVONS GAGNÉ, suffira à notre existence pendant un mois. --- Le PEU que j'AI ENTENDU, me donne mauvaise opinion de cet homme. --- Cette jeune personne *a* bien *profité* 251 du PEU de leçons qu'on lui A DONNÉ. --- Le PEU d'exactitude que j'AI TROUVÉ dans cette ouvrage m'*a* fort mal *prévenu* 252 en faveur de l'auteur. --- C'est le PEU de patience que vous AVEZ EU qui est la cause de votre disgrâce. --- Votre maître est fort mécontent du PEU d'application que vous AVEZ MONTRÉ dans le cours de cette année. --- On doit attribuer le mauvais succès de cette entreprise au PEU d'activité que vous AVEZ MIS à exécuter les ordres du ministre. --- Le PEU d'eau que vous AVEZ BU suffit pour vous faire du mal. --- Le PEU de chaleur que j'AI SENTI m'*a incommodé* 252 --- Le PEU d'expérience qu'il A ACQUIS avec vous sera d'un grand secours dans cette affaire. --- Le PEU de soupe que j'AI MANGÉ était fort bonne. --- Je ne me rappelle pas qu'avec votre seigneurie ce bonheur me *soit arrivé* 250, si ce n'est le PEU de jours que j'AI PASSÉ chez don Diègue. --- Les exploits qu'il a faits, le PEU de mots qu'il A PRONONCÉ, cette main qui pressait la sienne pendant le terrible combat, tout se retrace à sa mémoire et lui cause une secrète joie.

260. Seigneur, je voudrais effacer de ma vie les jours que j'AI VÉCU sans vous *avoir servi* 252. — Telles sont les récompenses peu flatteuses que m'ONT VALU les démarches que j'*ai fait* 252 pour vous servir. — Nous ne voyons pas que nos exhortations vous AIENT beaucoup PROFITÉ. — Je regrette bien les douze heures que j'AI DORMI ; je les *aurais employé* 252 plus utilement, si l'on m'*avait rendu* 252 le service de m'éveiller. — Ce peintre doit *être satisfait* 250 des justes éloges que lui ONT VALU ses deux derniers portraits. — Comptez, mon ami, que vous trouverez chez moi les plaisirs innocents qui vous ONT toujours PLU, et qu'à bon droit vous *avez préféré* 252 sans cesse à ces plaisirs factices dont ont jouit dans les grandes villes. — J'*ai écrit* 251 à mes parents au sujet de l'affaire que je vous AI PARLÉ : voici la réponse que j'en *ai reçu* 257. — Je regrette fort les sommes d'argent que ce procès m'A COUTÉ. — Qu'avez-vous fait pendant les trois heures que j'AI DORMI? — Ce peuple a été bien malheureux pendant les quatre années que la guerre A DURÉ. — Cet homme *a* bien *employé* 252 les soixante ans qu'il A VÉCU. — Vous ne vendrez pas cette propriété soixante mille francs qu'elle EUT VALU, si vous l'*aviez vendu* 252 il y a quatre ans. — Pour peu que l'absence AIT DURÉ, que retrouverons-nous aux lieux qui nous ont *vu* 255 *naître*? — Je crains bien de ne pouvoir retirer de mes marchandises les sommes énormes qu'elles m'ONT COUTÉ. — Cette femme bienfaisante *a employé* 252 au soulagement des malheureux tous les jours qu'elle A VÉCU sur la terre. — Ma mère regrette beaucoup les sommes que son voyage lui A COUTÉ. — Je regrette fort les mille écus que cette affaire m'A COUTÉ.

261. Que d'éloges ne lui A pas VALU sa con-

duite noble et généreuse? — Qui pourrait dire combien de larmes lui ONT COUTÉ ces divisions toujours trop longues! — Une mère ne regrette point les soins ni les peines que son enfant lui A COUTÉ. — Les pleurs que je lui AVAIS COUTÉ semblaient *avoir sillonné* 252 ses joues. — Les honneurs que mon habit m'A VALU. — Les peines que que cette affaire m'A COUTÉ. — Les honneurs que son ouvrage lui A VALU. — On ne doit jamais regretter ni le temps ni la peine qu'A COUTÉ une bonne action. — Que d'attentions et d'honneurs de beaux habits nous ONT souvent VALU! — Les plus brillantes réputations ne valent jamais tous les sacrifices qu'elles ONT COUTÉ. — Considérons les périls extrêmes qu'A COURU cette princesse sur terre et sur mer pendant l'espace de dix ans. — Vous n'*avez* pas *oublié* 252 les soins que vous m'AVEZ COUTÉ dans votre enfance. — Quelques souffrances que nos soldats *aient enduré* 252, nous aimons à croire qu'ils oublieraient bientôt les périls qu'ils ONT COURU, et les maux qu'ils *ont souffert* 252, pour ajouter, s'il le fallait, de nouveaux triomphes à ceux qu'ils *ont* déjà *obtenu* 252. — Demander si toutes les langues qu'on A PARLÉ sur la terre proviennent d'une langue primitive, c'est, selon moi, mettre en question si toutes les nations *ont eu* 252 un père commun. — Florian savait très-bien l'espagnol; il lui était doux de parler une langue que sa mère AVAIT PARLÉ. — Je ne saurais vous dire tous les dangers que mes amis ONT COURU dans leur dernier voyage. — Quelques dangers que nous AYONS COURU, nous les *avons bravé* 252.

262. Les vents que Dieu *a créé* 252, les chaleurs qu'IL Y A EU, sont des effets de sa bonté. — La Fête-Dieu est la plus belle qu'IL Y AIT jamais EU. — IL S'EST GLISSÉ une faute très-grave dans l'ouvrage que vous m'*avez envoyé* 252 la semaine dernière. — IL EST ARRIVÉ de grands malheurs à

la famille de mon ami. — Les chaleurs qu'IL A FAIT cet été, ont beaucoup *incommodé* 252 ma mère. — Le règne de Louis XIV est un des plus glorieux qu'IL Y AIT EU en France. — IL N'EST RESTÉ de ce superbe édifice que les quatre murs, et les colonnes qui s'élèvent au milieu des décombres. — Autant d'obstacles IL Y A EU, autant il les *a* tous *surmonté* 252. — IL S'EST TROUVÉ des hommes que la force de leur génie *a rendu* 252 habiles dans des genres opposés. — Comment peindre l'inquiétude qui *s'était emparé* 254 de ses esprits, et la force d'âme qu'il lui AVAIT FALLU pour ne ne point succomber à la douleur qui déchirait son cœur. — On laissait cet abus à cause des inconvénients qu'IL Y AURAIT EU à le changer. — IL S'EST GLISSÉ une erreur grave dans la copie que je vous *ai adressé* 252. — Les chaleurs qu'IL A FAIT cette année ont été propices pour la récolte des moissons. — Les pertes qu'IL Y A EU ne sont pas irréparables. — Nous *avons vu* 251, plus haut, que, comme IL NE S'ÉTAIT pas PRÉSENTÉ un assez grand nombre de citoyens romains pour remplir cette colonie, on y *avait suppléé* 251 par des gens *ramassé* 249 de différents endroits, Latins, Herniques et Toscans : IL s'y ÉTAIT même GLISSÉ des Volsques. — Lorsque le gouvernement *fut devenu* 250 monarchique, cela subsista contre les principes de la monarchie : on laissait cet abus à cause des inconvénients qu'IL Y AURAIT EU à le changer. — La disette qu'IL Y A EU cet hiver dernier *a réduit* 252 les ouvriers à manquer des choses les plus nécessaires à la vie. — IL EST SURVENU de grandes difficultés dans les affaires que je croyais *terminé* 252. — Les grandes pluies qu'IL A FAIT cette année, ONT DU pourrir les grains qu'on *a semé* 252. — Les chaleurs qu'IL A FAIT pendant l'été, *ont incommodé* 252 tout le monde.

263. Les demandes *que* j'avais PRÉVU qu'ON VOUS ferait, ne *se sont* que trop *réalisé* 254. — Les em-

barras QUE j'avais SU QUE vous aviez m'*ont déterminé* 255 *à aller* vous voir plus promptement. — Les mathématiques QUE vous n'avez pas VOULU QUE j'étudiasse. — Les secours QUE nous avons CRU QUE vous nous donneriez, ne nous *sont* point encore *parvenu* 250. — La conduite QUE j'ai SUPPOSÉ QUE vous tiendriez en cette occasion, ne m'*a* point *surpris* 252. — Les raisons QUE vous avez CRU QUE j'approuvais, n'étaient pas aussi bonnes que vous le supposiez. — C'est une chose QUE j'ai CRU QUE vous saviez. — Les peines QUE j'ai PRÉVU QUE cette affaire vous donnerait, ne m'*ont* point *surpris* 252. — Enfin je montai en carrosse avec elle et son vieil écuyer, et me laissai de cette manière enlever de l'hôtellerie, au grand déplaisir de l'hôte, qui se voyait par là *sevré* 249 de la dépense qu'IL avait COMPTÉ QUE je ferais chez lui. — Je crois que vous me rendrez vos bonnes grâces QUE je vous ai AVOUÉ QUE j'*avais perdu* 252 par ma faute. — Les succès QUE j'avais PRÉVU QUE cette pièce obtiendrait, *ont répondu* 251 à mon attente. — Les soins QUE j'ai SU QUE mon ami s'*était donné* 253 pour me faire obtenir un emploi, m'*ont réconcilié* 252 avec lui. — Les secours QUE vous aviez PRÉTENDU QUE j'obtiendrais, ont été illusoires. — La conduite QUE j'avais SUPPOSÉ QUE vous tiendriez, vous l'*avez tenu* 252. — Les embarras QUE j'ai SU QUE vous aviez *ont accéléré* 252 mon départ.

264. J'AVAIS FAIT PLANTER des poiriers, la sécheresse les A FAIT MOURIR. — Que *sont devenu* les arbres que votre père AVAIT FAIT PLANTER dans cette avenue ? Il les A sans doute FAIT COUPER pour se chauffer cet hiver. — Les divers objets que je vous *ai vendu* 252 *ont excité* 252 l'admiration de tous ceux à qui je les AI FAIT VOIR. — Les injustices que vous m'AVEZ FAIT ÉPROUVER, me forcèrent d'avoir recours à un protecteur juste et généreux. — La maison que j'AI FAIT ACHEVER, *a paru* 260 bien belle à tous ceux qui l'*ont exa-*

miné 252 dans toutes ses parties. — Les marchandises que j'AI FAIT VENDRE ne m'*ont rapporté* 252 aucun bénéfice. — Les soldats que ce général A FAIT PARTIR dimanche dernier, *ont rencontré* 252 l'ennemi à une petite distance de la ville. — Cette course que j'AI FAIT FAIRE à mon frère a été inutile. — Cette tragédie que mon ami A FAIT REPRÉSENTER sur le théâtre de cette ville, *a obtenu* 252 le plus brillant succès. — Que d'hommes on *a vu* 255 *tomber* d'une haute fortune par les mêmes défauts qui les y AVAIENT FAIT MONTER. — Louis XI fit taire ceux qu'il AVAIT FAIT si bien PARLER. — La solitude apaise les mouvements impétueux de l'âme que le désordre du monde A FAIT ÉCLATER. — L'habitude que nous *avons contracté* 255 *de juger* trop promptement, nous A FAIT TOMBER souvent dans des erreurs. — L'amour d'une vaine gloire les A FAIT PARLER sans prudence.

265. Je vois des écrivains forcenés, CHERCHANT partout des victimes pour les immoler à la malignité du public, SUPPOSANT des crimes, EXAGÉRANT les vices, et FAISANT le plus cruel outrage à la vertu, en VOMISSANT (1) les mêmes injures contre le scélérat et l'homme de bien. — De tous côtés on voyait des chœurs de jeunes garçons, les uns JOUANT de la lyre, ou CÉLÉBRANT Hyacinthe par de vieux cantiques; d'autres EXÉCUTANT des danses; d'autres à cheval FAISANT briller leur adresse. — Dans la suite, des oracles imposteurs, des prodiges EFFRAYANT, ébranlèrent sa constance. — Partout s'offraient à nous des exemples FRAPPANT de faste et de vanité. — Le toit *est soutenu* 250 non par des colonnes, mais par de grandes statues qui représentent des Perses en robes TRAINANT. — Ils étaient libres, ils avaient des lois

---

(1) Lorsque le participe présent est précédé de la préposition *en*, il est verbe, et par conséquent toujours invariable.

sages, des mœurs simples, des rois qui les aimaient, et des fêtes RIANT qui les délassaient de leur travaux. — Nous les vîmes, pendant la nuit, sortir de l'enceinte, MARCHANT deux à deux en silence, et TENANT chacun une torche à la main. — Nous trouvâmes les filles des contrées voisines, DANSANT autour d'un laurier auquel on venait de suspendre des guirlandes de fleurs. — Le Sélinus, petite rivière ABONDANT en poissons, promène avec lenteur ses eaux limpides au pied d'une riche colline. — Dès que le signal *est donné* 250, ces jeunes émules s'élancent dans la carrière ; les cheveux FLOTTANT sur leurs épaules. — Les personnes AIMANT tout le monde n'aiment ordinairement personne. — Ces hommes PRÉVOYANT le danger, se mirent sur leur garde. — Partout les rayons PERÇANT de la vérité vont venger la vérité que les hommes ont *négligé* 255 *de suivre*. — C'est en les OUBLIANT qu'un grand cœur se venge des injures qu'il *a reçu* 252. — La plupart des hommes sont RAMPANT devant les grands, et insolents envers leurs égaux. — Dieu punit les mauvais princes, en les RENDANT eux-mêmes les instruments de sa colère. — Ces deux jeunes gens étaient doux, tranquilles, patients, toujours prêts à écouter les autres, et à profiter de leurs conseils ; mais actif, PRÉVOYANT, attentifs aux besoins les plus éloignés, ARRANGEANT toutes choses à propos, ne s'EMBARRASSANT de rien, et n'EMBARRASSANT point les autres; EXCUSANT les fautes, RÉPARANT les mécomptes, PRÉVENANT les difficultés, ne DEMANDANT jamais rien de trop à personne, INSPIRANT partout la liberté et la confiance. — Je vois dans l'aréopage des juges intègres, discrets, GÉMISSANT de trouver un coupable, et ne le CONDAMMANT qu'après l'*avoir convaincu* 252. — Des esprits bas et RAMPANT ne s'élèvent jamais au sublime. — Ici la terre, COMBLANT les vœux du laboureur, rend le centuple qu'on lui confie. —

L'émotion de Cyrus redouble, et Panthée fait entendre des cris DÉCHIRANT. — Dans la suite, des oracles imposteurs, des prodiges EFFRAYANT, ébranlèrent sa constance. — Nous fûmes témoins d'une scène plus TOUCHANT encore. — Les ouvrages de cet auteur sont pleins de cet abandon qui donne à son style un ton si naturel, et des couleurs si BRILLANT. — Songeons à ce que nous faisons, afin que nous ne soyons point REPENTANT dans la suite. — Les jeunes gens s'élancent dans la carrière, les cheveux FLOTTANT sur leurs épaules. — La femme court la première au cercueil, CHANGEANT sa douleur en joie. — On ne voyait de tous côtés que des femmes TREMBLANT, des vieillards, de petits enfants, les larmes aux yeux, qui se retiraient de la ville. — Les personnes AIMANT ont plus de jouissances que les autres. — On nous montra une racine dont l'odeur APPROCHANT de celle du thym, est meurtrière pour les serpents. — On apercevait sur la mer des mâts et des cordages FLOTTANT. — Cette femme est d'un bon caractère, OBLIGEANT tout le monde quand elle le peut. — Les enfants, PARLANT continuellement, ne peuvent guère faire autrement que de dire des sottises la plupart du temps. — Plusieurs ne purent soutenir cette épreuve ; et, ROUGISSANT de leur état, sans avoir la force d'en sortir, ils abandonnèrent Socrate, qui ne s'empressa pas de les rappeler.

FIN DES PARTICIPES.

NOTA. Quand les élèves connaîtront bien les règles de la syntaxe et des participes, il faudra que le maître les habitue à écrire sous la dictée. Un ouvrage récapitulant toutes ces règles lui sera donc nécessaire ; c'est pourquoi je me propose d'en publier un incessamment.

VOCABULAIRE.

ABRÉVIATIONS.

s. m. — substantif masculin.
s. f. — substantif féminin.
s. m. p. — substantif masculin pluriel.
s. f. p. — substantif féminin pluriel.
s. et *adj.* — substantif et adjectif.
adj. — adjectif.
v. a. — verbe actif.
v. n. — verbe neutre.

A

Abondance, *s. f.*
Absolu, e, *adj.*
Abusif, ive, *adj.*
Académie, *s. f.*
Accéder, *v. n.*
Achever, *v. a.*
Acteur, *s. m.*
Actif, ive, *adj.*
Action, *s. f.*
Activité, *s. f.*
Administraf, ive, *adj.*
Admiration, *s. f.*
Adresse, *s. f.*
Adroit, e, *adj.*
Affaire, *s. f.*
Affirmatif, ive, *adj.*
Affliction, *s. f.*
Affreux, euse, *ad.*
Age, *s. m.*
Agé, e, *adj.*
Agneau, *s. m.*
Agréer, *v. a.*
Aide (voyez Grammaire, N.° 23.)
Aigle (voyez Grammaire, N.° 24.)
Aîné, e, *s.* et *adj.*
Air, *s. m.*
Aisé, e, *adj.*
Aliment, *s. m.*
Altération, *s. f.*
Altérer, *v. a.*
Alternatif, ive, *adj.*
Altier, ière, *adj.*
Ambitieux, euse, *adj.*
Ambition, *s. f.*
Ame, *s. f.*
Amer, ère, *adj.*
Ami, e, *s.*
Amiral, *s. m.*
Amonceler, *v. a.*
Amour (voy. Grammaire, N.° 34.)
An, *s. m.*
Ancien, ne, *adj.*
Ancienneté, *s. f.*
Année, *s. f.*
Antérieur, e, *adj.*
Antiquité, *s. f.*
Apercevoir, *v. a.*
Apôtre, *s. m.*
Appartement, *s. m.*
Appeler, *v. a.*
Appétit, *s. m.*
Applaudissement, *s. m.*
Application, *s. f.*
Apprendre, *v. a.*
Appuyer, *v. a.*
Arbre, *s. m.*
Arche, *s. f.*
Arme, *s. f.*
Armée, *s. f.*
Arrivée, *s. f.*
Arsenal, *s. m.*
Artificiel, le, *adj.*
Artificieux, euse, *adj.*
Artisan, *s. m.*
Assemblée, *s. f.*
Astre, *s. m.*
Astucieux, euse, *adj.*
Attentif, ive, *adj.*
Attention, *s. f.*
Attirail, *s. m.*
Attitude, *s. f.*
Aucun, ne, *adj.*
Auteur, *s. m.*
Autorité, *s. f.*
Avantage, *s. m.*
Avantageux, euse, *adj.*

Avarice, *s. f.*
Avenue, *s. f.*
Aveu, *s. m.*
Avis, *s. m.*
Avocat, *s. m.*

B

Bas, se, *adj.*
Basse-taille, *s. f.*
Beau, *adj. m.*
Bel, le, *adj.*
Belliqueux, euse, *adj.*
Bénin, bénigne, *adj.*
Bienheureux, euse, *adj.*
Blanc, blanche, *adj.*
Bleu, e, *adj.*
Blond, e, *adj.*
Bon, ne, *adj.*
Bref, brève, *adj.*
Brief, briève, *adj.*
Broché, e, *adj.*
Brutal, e, *adj.*

C

Caduc, caduque, *adj.*
Capacité, *s. f.*
Capricieux, euse, *adj.*
Captieux, euse, *adj.*
Captif, ive, *s.* et *adj.*
Certain, e, *adj.*
Chanceler, *v. n.*
Chanter, *v. a.*
Charme, *s. m.*
Charnel, le, *adj.*
Chaud, e, *adj.*
Cher, chère, *adj.*
Chétif, ive, *adj.*
Choix, *s. m.*
Chrétien, ne, *s.* et *adj.*
Citer, *v. a.*
Civil, e, *adj.*
Clair, e, *adj.*
Colline, *s. f.*
Colossal, e, *adj.*
Commencer, *v. a.*
Concis, e, *adj.*
Confus, e, *adj.*
Connu, e, *adj.*
Conseil, *s. m.*
Content, e, *adj.*
Continu, e, *adj.*
Continuel, le, *adj.*
Contrit, e, *adj.*
Coquet, te, *adj.*
Corps, *s. m.*
Couple (voy. Grammaire, N.° 25.)
Courageux, euse, *adj.*
Courir, *v. n.* et *a.*
Cours, *s. m.*
Court, e, *adj.*
Coûter, *v. n.* et *a.*
Coûteux, euse, *adj.*
Couvert, e, *adj.*
Craintif, ive, *adj.*
Créer, *v. a.*
Criminel, le, *s.* et *adj.*
Croire, *v. a.* et *n.*
Cruel, le, *adj.*

D

Dangereux, euse, *adj.*
Déceler, *v. a.*
Décent, e, *adj.*
Défrayer, *v. a.*
Dégénérer, *v. n.*
Délicat, e, *adj.*
Délice (voy. Grammaire, N.° 34.)
Demander, *v. a.*
Démonstratif, ive, *adj.*
Déployer, *v. a.*
Dépourvu, e, *adj.*
Dernier, ière, *adj.*
Désespérer, *v. n.*
Dessécher, *v. a.*
Devoir, *v. a.*
Différend, *s. m.*
Différent, e, *adj.*
Diffus, e, *adj.*
Discours, *s. m.*
Dispendieux, euse, *adj.*
Dissolu, e, *adj.*
Divers, e, *adj.*
Divin, e, *adj.*
Docile, *adj.*
Dormir, *v. n.*
Doucet, te, *adj.*
Douillet, te, *adj.*
Douloureux, euse, *adj.*
Douteux, euse, *adj.*
Doux, douce, *adj.*
Droit, e, *adj.*
Dur, e, *adj.*
Durée, *s. f.*
Durer, *v. n.*

E

Eau, *s. f.*
Éclair, *s. m.*
Éclat, *s. m.*
Écolier, ère, *s.*
Écrire, *v. a.*
Écrit, *s. m.*
Écrivain, *s. m.*
Écrou, *s. m.*
Écu, *s. m.*
Édifice, *s. m.*
Édition, *s. f.*
Éducation, *s. f.*
Égal, e, *adj.*
Église, *s. f.*
Élection, *s. f.*
Élégant, e, *adj.*
Élevé, e, *adj.*
Élever, *v. a.*
Éloge, *s. m.*
Éloquent, e, *adj.*
Émail, *s. m.*
Embarras, *s. m.*

Embrassement, s. m.
Éminent, e, adj.
Emmener, v. a.
Émotion, s. f.
Empêchement, s. m.
Empiéter, v. n.
Emploi, s. m.
Employer, v. a.
Endurci, e, adj.
Endurer, v. a.
Enfance, s. f.
Enfant (voy. Grammaire, N.° 26.)
Enlever, v. a.
Ennemi, e, s. et adj.
Ennuyer, v. a.
Énormité, s. f.
Enseigne, s. f.
Entendre, v. a.
Entier, tière, adj.
Entreprise, s. f.
Envers, prép.
Envoyer, v. a.
Épais, se, adj.
Épanchement, s. m.
Époque, s. f.
Épouvante, s. f.
Époux, épouse, s.
Ériger, v. a.
Erreur, s. f.
Espace, s. m.
Espèce, s. f.
Espérance, s. f.
Espérer, v. a. et n.
Esprit, s. m.
Essayer, v. a.
Essieu, s. m.
Estime, s. f.
Établissement, s. m.
Étage, s. m.
Étalage, s. m.
État, s. m.
Éternel, s. m.
Éternel, le, adj.
Éternité, s. f.
Étonnant, e, adj.
Étourdi, e, adj.
Étranger, ère, s. et adj.
Être, v. aux. et s. m.
Étroit, e, adj.
Étude, s. f.
Évangile, s. m.
Éventail, s. m.
Éviter, v. a.
Exact, e, adj.
Exactitude, s. f.
Excellence, s. f.
Excellent, e, adj.
Excès, s. m.
Excessif, ive, adj.
Excuse, s. f.
Exemple (v. Grammaire, N.° 27.)
Exercer, v. a.
Exiler, v. a.
Existence, s. f.
Expérience, s. f.
Explication, s. f.
Exploit, s. m.
Expression, s. f.
Extérieur, e, adj.

F

Fabuleux, euse, adj.
Fâcheux, euse, adj.
Facile, adj.
Faire, v. a.
Fameux, euse, adj.
Faux, fausse, adj.
Favori, te, s. et adj.
Fertile, adj.
Fidèle, adj.
Fier, ère, adj.
Filial, e, adj.
Flatteur, euse, s. et adj.
Fleur, s. f.
Foi, s. f.
Fois, s. f.
Fol, le, adj.
Forcer, v. a.
Former, v. a.
Fort, e, adj.
Fou, adj. m.
Foudre (v. Grammaire, N.° 28.)
Fougueux, euse, adj.
Fragile, adj.
Frais, s. m. p.
Frais, fraîche, adj.
Franc, s. m.
Franc, franche, adj.
Français, e, s. et adj.
Frugal, e, adj.
Fugitif, ive, adj.
Funérailles, s. f. p.
Fuir, v. a.

G

Gai, e, adj.
Général, e, adj.
Général, s. m.
Généreux, euse, adj.
Glacial, e, adj.
Glorieux, euse, adj.
Gracieux, euse, adj.
Grand, e, adj.
Gras, se, adj.
Grec, grecque, s. et adj.
Gris, e, adj.
Gros, se, adj.
Grossier, ère, adj.

H

» Indique que la lettre h est aspirée.

Habile, adj.
Habillé, e, adj.

Habit, *s. m.*
Habitant, *s. m.*
Habitation, *s. f.*
Habitude, *s. f.*
» Harceler, *v. a.*
» Hardi, e, *adj.*
» Haut, e, *adj.*
» Hauteur, *s. f.*
Heure, *s. f.*
Heureux, euse, *adj.*
» Hibou, *s. m.*
Histoire, *s. f.*
Hiver, *s. m.*
Hommage, *s. m.*
Homme, *s. m.*
Honneur, *s. m.*
» Honte, *s. f.*
» Honteux, euse, *adj.*
Hôpital, *s. m.*
Hôte, *s. m.*
Humain, e, *adj.*
Hymne (v. Grammaire, N.° 29.)

I

Idée, *s. f.*
Ignominieux, euse, *adj.*
Ignorance, *s. f.*
Image, *s. f.*
Imagination, *s. f.*
Immortel, le, *adj.*
Impartial, e, *adj.*
Impénitent, e, *adj.*
Impertinent, *s.* et *adj.*
Impie, *s.* et *adj.*
Impression, *s. f.*
Imprimerie, *s. f.*
Incendie, *s. m.*
Incertitude, *s. f.*
Incivil, e, *adj.*
Inclination, *s. f.*
Inconnu, e, *adj.*
Inconséquent, e, *adj.*
Inconvénient, *s. m.*
Indifférent, e, *adj.*
Indigence, *s. f.*
Indiscipliné, e, *adj.*
Individu, *s. m.*
Indulgent, e, *adj.*
Industrie, *s. f.*
Inégal, e, *adj.*
Inférieur, e, *adj.*
Infini, e, *adj.*
Infirmité, *s. f.*
Ingénu, e, *adj.*
Ingrat, e, *s.* et *adj.*
Injure, *s. f.*
Innocence, *s. f.*
Inquiet, ète, *adj.*
Inquiétude, *s. f.*
Insensé, e, *s.* et *adj.*
Inspirer, *v. a.*
Instant, *s. m.*
Instruction, *s. f.*
Instruit, e, *adj.*
Intelligence, *s. f.*
Intention, *s. f.*
Interdit, e, *adj.*
Intérieur, e, *adj.*
Intervalle, *s. m.*
Intrépidité, *s. f.*
Irrité, e, *adj.*
Isolé, e, *adj.*

J

Jaloux, ouse, *adj.*
Jeter, *v. a.*
Joli, e, *adj.*
Joyeux, euse, *adj.*
Judicieux, euse, *adj.*

L

Laborieux, euse, *adj.*
Laboureur, *s. m.*
Las, se, *adj.*
Lascif, ive, *adj.*
Latin, e, *s.* et *adj.*
Légal, e, *adj.*
Léger, ère, *adj.*
Légume, *s. m.*
Lever, *v. a.*
Libertin, e, *s.* et *adj.*
Lire, *v. a.*
Logis, *s. m.*
Long, longue, *adj.*
Loyal, e, *adj.*

M

Majeur, e, *s.* et *adj.*
Malheureux, euse, *adj.*
Malin, maligne, *adj.*
Malintentionné, e, *adj.*
Massue, *s. f.*
Maternel, le, *adj.*
Mausolée, *s. m.*
Mauvais, e, *adj.*
Méchant, e, *adj.*
Meilleur, e, *adj.*
Mener, *v. a.*
Menteur, *s. m.*
Merveilleux, euse, *adj.*
Météore, *s. m.*
Mineur, e, *s.* et *adj.*
Ministériel, le, *adj.*
Mitoyen, ne, *adj.*
Mode, *s. f.*
Modéré, e, *adj.*
Mœurs, *s. f. p.*
Moins, *adv.*
Mois, *s. m.*
Mortel, le, *s.* et *adj.*
Mourir, *v. n.*
Muet, te, *s.* et *adj.*

N

Naïf, ive, *adj.*
Naître, *v. n.*
National, e, *adj.*
Naturel, le, *adj.*
Négliger, *v. a.*
Net, te, *adj.*
Neuf, neuve, *adj.*
Niais, e, *adj.*
Noir, e, *adj.*
Nombreux, euse, *adj.*
Nouveau, *adj. m.*
Nouvel, le, *adj.*
Nouvelle, *s. f.*
Nu, e, *adj.*
Nul, le, *adj.*

O

Objet, *s. m.*
Obsèques, *s. f. p.*
Obstacle, *s. m.*
Odeur, *s. f.*
Odieux, euse, *adj.*
OEuvre (v. Grammaire, n.° 30.)
Office (voy. Grammaire, n.° 31.)
Officier, *s. m.*
Oiseau, *s. m.*
Oisif, ive, *adj.*
Ombre, *s. f.*
Oncle, *s. m.*
Onéreux, euse, *adj.*
Opinion, *s. f.*
Opulent, e, *adj.*
Orageux, euse, *adj.*
Oraison, *s. f.*
Orateur, *s. m.*
Oratorien, *s. m.*
Ordre, *s. m.*
Orgue (voy. Grammaire, N.° 34.)
Oriental, e, *adj.*
Original, e, *adj.*
Origine, *s. f.*
Oser, *v. a.*
Ours, *s. m.*
Ouvrage, *s. m.*
Ovale, *adj.*

P

Païen, ne, *s.* et *adj.*
Paix, *s. f.*
Palais, *s. m.*
Pareil, le, *adj.*
Parent, e, *s.*
Paresseux, euse, *adj.*
Parfait, e, *adj.*
Parler, *v. a.* et *n.*
Partisan, *s. m.*
Pastoral, e, *adj.*
Patrimonial, e, *adj.*
Payer, *v. a.*
Pécher, *v. n.*
Pénétrer, *v. a.*
Pernicieux, euse, *adj.*
Persuasif, ive, *adj.*
Pervers, e, *adj.*
Peser, *v. a.*
Pestilentiel, le, *adj.*
Petit, e, *adj.*
Peu, *adv.*
Peur, *s. f.*
Phalange, *s. f.*
Pieux, euse, *adj.*
Pire, *adj.*
Plaire, *v. n.*
Plaisant, e, *adj.*
Planter, *v. a.*
Plein, e, *adj.*
Pleurs, *s. m. p.*
Plier, *v. a.*
Plonger, *v. n.*
Plusieurs, *adj.*
Poli, e, *adj.*
Pompeux, euse, *adj.*
Portatif, ive, *adj.*
Posséder, *v. a.*
Postérieur, e, *adj.*
Précieux, euse, *adj.*
Précis, e, *adj.*
Préférer, *v. a.*
Prématuré, e, *adj.*
Présomptueux, euse, *adj.*
Pressé, e, *adj.*
Principal, e, *adj.*
Printemps, *s. m.*
Privé, e, *adj.*
Prix, *s. m.*
Procéder, *v. n.*
Procès, *s. m.*
Prochain, *s. m.*
Prochain, e, *adj.*
Prodigieux, euse, *adj.*
Profiter, *v. n.*
Profond, e, *adj.*
Projeter, *v. a.*
Prompt, e, *adj.*
Prononcer, *v. a.*
Prospérer, *v. n.*
Prudent, e, *adj.*
Public, ique, *adj.*
Puîné, e, *adj.*
Puissant, e, *adj.*
Puits, *s. m.*
Pur, e, *adj.*

Q

Quelque, *adj.*
Quotidien, ne, *adj.*

R

Radieux, euse, *adj.*
Ramener, *v. a.*
Rappeler, *v. a.*
Ras, e, *adj.*
Récréatif, ive, *adj.*
Récréer, *v. a.*
Réel, le, *adj.*
Refrogné, e, *adj.*

Refus, *s. m.*
Régler, *v. a.*
Régner, *v. n.*
Rejeter, *v. a.*
Relever, *v. a.*
Relié, e, *adj.*
Rendre, *v. a.*
Renvoyer, *v. a.*
Repas, *s. m.*
Répéter, *v. a.*
Repos, *s. m.*
Résoudre, *v. a.*
Révéler, *v. a.*
Révolu, e, *adj.*
Ridé, e, *adj.*
Rigoureux, euse, *adj.*
Rival, e, *adj.*
Romain, e, *s.* et *adj.*
Roux, rousse, *adj.*
Rue, *s. f.*
Ruineux, euse, *adj.*
Rural, e, *adj.*

S

Sacré, e, *adj.*
Sain, e, *adj.*
Saint, e, *s.* et *adj.*
Satisfait, e, *adj.*
Sauf, sauve, *adj.*
Savoir, *v. a.*
Scandaleux, euse, *adj.*
Sec, sèche, *adj.*
Second, e, *adj.*
Secours, *s. m.*
Seigneurial, e, *adj.*
Semer, *v. a.*
Sens, *s. m.*
Seul, e, *adj.*
Sévère, *adj.*
Sincère, *adj.*
Sonner, *v. n.*
Sortir, *v. n.*
Sot, te, *s.* et *adj.*
Soumis, e, *adj.*
Soupçonneux, euse, *adj.*
Spirituel, le, *adj.*
Statue, *s. f.*
Strict, *s. m.*
Strict, e, *adj.*
Studieux, euse, *adj.*
Substantiel, le, *adj.*
Subtil, e, *adj.*
Succéder, *v. n.*
Suggérer, *v. a.*
Supérieur, e, *s.* et *adj.*
Suppléer, *v. a.*
Sûr, e, *adj.*
Surnaturel, le, *adj.*
Surpris, e, *adj.*

T

Tâcher, *v. n.*
Tel, le, *adj.*
Tempête, *s. f.*
Temps, *s. m.*
Ténèbres, *s. f. p.*
Tomber, *v. n.*
Torture, *s. f.*
Touchant, e, *adj.*
Tour, *s. f.*
Tout, e, *adj.*
Tranquille, *adj.*
Travail, *s. m.*
Travailler, *v. a.* et *n.*
Trépas, *s. m.*
Trompeur, euse, *s.* et *adj.*
Turc, turque, *s.* et *adj.*

U

Univers, *s. m.*
Universel, le, *adj.*
Usage, *s. m.*
Utile, *adj.*

V

Vacant, e, *adj.*
Vain, e, *adj.*
Valeureux, euse, *adj.*
Valoir, *v. a.*
Végéter, *v. n.*
Vengeur, *s. m.*
Vermeil, le, *adj.*
Verser, *v. a.*
Vertueux, euse, *adj.*
Veuf, veuve, *s.* et *adj.*
Vicieux, euse, *adj.*
Vif, ive, *adj.*
Vil, e, *adj.*
Vindicatif, ive, *adj.*
Vivre, *v. n.*
Voir, *v. a.*
Voisin, e, *s.* et *adj.*
Voix, *s. f.*
Vouloir, *v. a.*
Vrai, e, *adj.*
Vue, *s. f.*

FIN.

www.ingramcontent.com/pod-product-compliance
Ingram Content Group UK Ltd.
Pitfield, Milton Keynes, MK11 3LW, UK
UKHW020242220726
13923UKWH00002B/788